An ihren Taten sollst du sie erkennen

Mein aufrichtiger Dank gilt

Gisela Nehrbaß
Ohne ihre Beteiligung und Motivation,
wäre dieses Buch nicht entstanden

Nicole Wendschuh
Für die Satz- und Covergestaltung

Ernst Crameri

An ihren Taten sollst du sie erkennen

Du gehst ab sofort erleichtert und frei durchs Leben, weil du die Menschen gleich erkennst

Bibliografische Information der Deutschen Nationalbibliothek
Die Deutsche Nationalbibliothek verzeichnet diese Publikation in der Deutschen Nationalbibliografie; detaillierte bibliografische Daten sind im Internet über http://dnb.d-nb.de abrufbar.

Crameri-Naturkosmetik GmbH Beauty&Wellness
1. Auflage
Druck in Deutschland

ISBN: 978-3-86689-031-2

FSC www.fsc.org
MIX
Papier aus verantwortungsvollen Quellen
Paper from responsible sources
FSC® C105338

Inhaltsverzeichnis

Vorwort

Liebe Leser,

es ist wieder so weit und mich juckt es förmlich in den Fingern, ein neues Buch zu schreiben. Eine interessante Geschichte, die jetzt dazu führt, dass ich dieses Buch schreibe.

Ich erzähle es dir kurz, eine Person, welche mir sehr nahesteht, verspricht permanent Dinge und hält sich nicht daran. Wenn ich sie darauf anspreche, höre ich jede Menge Ausflüchte und Alibigeschichten. Es war ausgemacht, dass wir abends telefonieren und dabei ist es leider geblieben. Ich war sauer, wie schon lange nicht mehr. Ich hätte förmlich aus meiner Haut fahren können, war sogar so weit, die Beziehung zu beenden. Das wollte ich in dieser Art nicht mehr, denn es war nicht das erste Mal. Ich bin mir sicher, auch du kennst solche oder ähnliche Fälle.

Die Nacht war entsprechend unrund, wie blöd von mir. Denn normalerweise habe ich es meist sehr gut im Griff. Aber an dem Abend und in der Nacht wollte es mir nicht gelingen. In solchen Fällen der Verzweiflung, der Wut, des alles beenden Wollens, habe ich mir zum guten Glück folgenden Mechanismus antrainiert. Mich zu hinterfragen, wozu dient das Ganze? Was will mir das tatsächlich sagen und was mache ich mit dieser Nachricht?

Nach kurzem Nachdenken hatte ich sofort die Antwort. „Lieber Ernst sei unendlich dankbar, dass du diese Erfahrung schon wieder machen darfst. Immer und immer wieder, es birgt die große Chance, daran zu wachsen."

Das war der erste Durchgang, ja, ich musste mich freimachen, raus

aus dieser Abhängigkeit von dem, was jemand sagt und letztlich tut oder nicht. Das galt es abzukoppeln, um in die Freiheit zu gelangen und meine Ruhe zu haben. Dann kam mir wie schon häufig in solchen Momenten der Gedanke, ja klar mein Lieber, so wie es dir ergeht, geht es vielen Menschen auf dieser Erde. Ich bekomme es letztlich ja jeden Tag mit, wie viel Streit, Verzweiflung, Elend durch solch ein Verhalten an den Tag gelegt wird.

Somit stand für mich fest, darüber schreibe ich ein Buch und weiß heute schon, dass das Buch eines der ganz Großen wird. Bei diesem Buch sollte es jedoch irgendwie anders sein. Ich wollte nicht meine Zeilen im stillen Kämmerlein schreiben, sondern gleich mein zukünftiges Publikum mit ins Boot holen. Das war mir wichtig und deswegen kann jeder, der Interesse hat, mich begleiten. Du kannst es auch gerne noch im Rückgang tun. Das heißt, melde dich an, auch wenn du das Buch bereits hast.

Es ist spannend zu lesen, welche Höhen und Tiefen ich dabei erleben durfte. Bis du jetzt endlich das Werk in der Hand halten kannst. Oh Mann, ich freue mich riesig auf diese traumhafte Reise. Das wird absolut aufregend. Das Leben ist ein Traum, wenn man das tut, was man wirklich tun möchte und sich dabei voll und ganz lebt. Dazu gehört auch, das Leben nicht auf irgendwann zu verschieben, sondern im Hier und Jetzt hundertprozentig zu leben.

Lass uns nun gemeinsam viel Spaß haben und echt Großes bewegen, das Ganze natürlich zeitlebens. Denn auf den richtigen Moment zu warten, ist töricht, um nicht zu sagen sogar dumm. Weißt du, auf was ich mich freue? Ich halte zu all meinen Büchern immer das passende Seminar. Sodass wir uns persönlich kennenlernen, worauf ich mich sehr freue, und dich dann ein Stück deines Weges begleiten darf, in einer andere Welt hinein.

Also pass gut auf dich auf, sei immer tapfer und munter. Lass dich nicht unterkriegen, von absolut niemanden auf dieser Welt. Das wäre fatal, denn in dir steckt ein wundervoller Mensch. Sonst würdest du nicht dieses Buch in der Hand halten und bereit sein, dich mit dem außerordentlich wichtigen Thema zu beschäftigen und auch auseinanderzusetzen.

Alles Liebe und Gute

Dein Ernst Crameri

Ich spreche in der du-Form

Oh man, früher stand ich davor und überlegte nicht, denn alles war per sie. Das war normal, weil es schon immer so war. Nun denn, mittlerweile hat sich durch die Social Mediawelt unendlich viel geändert. Das „du“ gehört zum Alltag, und so habe ich mich eines Tages dazu entschlossen, dass „sie“ zu verlassen. Klar gehen die Meinungen auseinander und es gibt immer noch eine Gruppe von Menschen, die finden das nicht gut. Keine Ahnung, ob es gut ist oder nicht, darüber mache ich mir keine Gedanken mehr. Die ersten Wochen waren komisch, aber danach ging es Stück für Stück besser.

Per du direkt in die Seele

Das finde ich faszinierend, dass es direkt die Seele anspricht. Das haben wir beim sie in der Form nicht. Also fühle dich in allen Bereichen angesprochen und zugleich inspiriert. Das tut super gut und wir wollen ja mit dem Buch etwas bewegen. Damit du wesentlich besser und leichter durchs Leben kommst. Schluss mit dem ewigen Warten, Hoffen und Bangen. An ihren Taten sollst du sie erkennen, und da haben wir genug zu tun. Wenn wir das Instrument richtig beherrschen, geht es uns super gut.

Es geht hier ausschließlich um dein Leben

Es geht definitiv um niemand anderes, als um dich selbst, du hast genug mit dir zu tun. Du musst mehr auf dich achten, dich ehren und schätzen, hast dich doch ein ganzes Leben lang. Da darfst du nicht so leichtsinnig mit dir umgehen, wie du es schon häufig gemacht hast. Dich immer wieder ärgern und von einer Enttäuschung in die nächste reinfahren. Das ist unklug und gilt es auf alle Fälle zu vermeiden. Du musst ab sofort in dir ruhen, dass du daraus viel Kraft für dich schöpfen kannst.

Nicht die anderen, sondern du

Kennst du das Spiel, dass wir häufig die anderen zitieren? Nach dem Motto „Nein wir, ich doch nicht, aber die anderen!" Das ist natürlich ein Blödsinn, den wir uns bitte schenken. Was soll denn das, jeder Mensch hat doch das Recht so zu leben, wir er gerne möchte. Wir haben da definitiv nichts auszurichten. An uns selbst haben wir zu schaffen, da gibt es viel zu tun und genau dazu dient auch das Buch. Dass du dich immer besser erkennst und entsprechend in die Veränderung gehst.

Du arbeitest intensiv mit diesem Buch

Viele Bücher werden nur gelesen. Dann gibt es einige Leute, die sieht man zaghaft mit einem Bleistift einiges markieren, oder sich am Rande des Buches Notizen machen. Das Coolste, was ich je erlebt hatte, war beim Zugfahren. Da war ein Professor, wie er mir verriet, dieser hat Seiten aus dem Buch herausgerissen. Auf meine Frage, was das für ein System sei, antwortete er „Wissen sie, ich lese jeden Tag mindestens zwei Bücher im Schnelldurchgang, die Seiten mit den dringlichsten Passagen reiße ich heraus und gebe sie meinen Assistenten zur Verarbeitung. Was soll ich denn mit dem Rest machen? Folglich werfe ich es lieber weg" das ist auch eine Möglichkeit.

Zusätzlich arbeite ich mit Bleistift und Leuchtmarker

Ich habe immer Bleistift, Kugelschreiber und Leuchtmarker zur Hand, um mit allen drei zu arbeiten. Wichtige Passagen werden so von mir hervorgehoben. Am Rande, oben und unten mache ich entsprechende Notizen, dass ich später das Wichtigste nachholen und umsetzen kann. Wenn ich ein Buch lese, dann um etwas daraus zu lernen. Alles andere ist für mich Zeitverschwendung. Dazu ist mir meine Lebenszeit zu wertvoll. Das Buch mein Freund und Begleiter, mit klaren und großen Botschaften.

Erledige sofort deine Aufgaben. Denn die Wahrscheinlichkeit ist groß, dass du die Dinge auf irgendwann verschiebst. Nur nicht jetzt und das ist schade, denn meistens gibt es kein später. Du willst einiges ändern, also heißt das anfangen und nie wieder warten. Denn es wird nicht besser, weder jetzt noch später. Das ist leider der große Trugschluss von den meisten Menschen, in der Hoffnung zu leben, dass es sich von selbst erledigt.

Schreibe dir die wichtigsten Merksätze ins Buch

Teile jede Seite in zwei Hälften. Sobald du die Hälfte einer Seite gelesen hast, halte kurz inne und schreibe oben in das weiße Feld, dass für dich Wichtigste. Das nennt man die sogenannten Merksätze. Diese helfen dir nachher bei der Zusammenfassung, welche du nach jedem Kapitel vollziehst. Da notierst du dir von allen Seiten, die fünf wichtigsten Merksätze. Am Ende des Buches nimmst du von allen Zusammenfassungen die fünf für dich markantesten Merksätze, die zu Leitsätzen werden. Dich somit führen und dir helfen, dass du dich fortan auf das Wesentliche konzentrierst.

Unverzüglich erledigen, bringt neue Erkenntnisse

Wenn du nichts auf die lange Bank schiebst, bist du auf der Gewinnerseite. Es heißt und hieß schon immer klar und deutlich

„Sich regen, bringt Segen!"

Das ist der erste Punkt, danach der nächste. Wenn du die Dinge sofort erledigst, alle Fragen beantwortest, hast du gleich Erkenntnisse. In dem Wort Erkenntnis ist enthalten, dass du manches erkennst und damit in erster Linie dich selbst. Nur die Selbsterkenntnis bringt dich in deinem Leben weiter. Das ist die einzige Chance für dich, wirklich in Bewegung zu gelangen. Sonst bleibt alles beim Alten, das muss nicht sein.

Wenn es dir lästig ist

Selbst wenn es dir lästig ist, tue es dennoch. Knie dich rein, am Anfang ist es leider ungewohnt und macht keinen Spaß. Je öfter du es aber tust, desto leichter geht es dir von der Hand. Es kommt der Moment, wo du nur noch in dieser Art ein Buch lesen kannst. Frage dich stets, was hat das Geschriebene mit dir zu tun? Was bringt es dir und wo führt es dich hin, wenn du es zulässt? Mutig sein und neue Wege zu beschreiten, ist eine wunderbare Folge aus dem Ganzen.

Disziplin die große Tugend

Die liebe Disziplin ist uns leider nicht allen gegeben. Denn wir unterliegen der sogenannten Schwerkraft. Diese hat nun einmal die Tendenz, uns nach unten zu ziehen und damit in die Horizontale. Ist auch nett und dies praktizieren ja die meisten Menschen. Nach der Arbeit gibt es eine Runde Coaching auf dem Sofa, weil es guttut und man es nicht missen möchte. Aber was bringt es in letzter Konsequenz, nichts, zumal wenn rumgezappt wird.

TV als Volksverdummung ersten Grades, passives Konsumieren ohne Ende. Oder glaubst du tatsächlich, dass es dich in deinem Leben weiterbringt, wenn du siehst, wie ein paar Spezialisten in Australien Würmer verspeisen? Ich glaube nicht und dennoch schauen sich solche Dinge, Millionen von Menschen an. Nur keine Sendung verpassen, sonst kann man ja nicht mitreden. Nun, es muss jeder selbst wissen, womit und wie er seine kostbare Lebenszeit verbringen will.

Ich wünsche dir mit deiner neuen Schriftlichkeit viel Erfolg

Alle erfolgreichen Menschen diese Erde, arbeiten intensiv mit der Schriftlichkeit. Die anderen versuchen es Pi mal Daumen umzusetzen, mit den bereits bekannten Ergebnissen. Genau das kannst du dir schenken, weil es unnütz ist. Ich habe immer Papier und Bleistift zur Hand. Damit kannst du überall und zu jederzeit, wichtige Dinge festhalten. Gedanken und Ideen haben die Eigenschaft von fliegenden Fischen. Sie zeigen sich ganz kurz über der Wasseroberfläche und verschwinden sofort wieder in der Tiefe des Ozeans.

Wenn dich das Buch stresst

Das kann vielleicht passieren, da ich viel lese, erlebe ich das häufiger. Mich spricht der Titel an, ich lese die Rückseite und komme zu dem Schluss, das Buch ist gut für mich, bringt mich in meinem Leben weiter. Dann fange ich an zu lesen und muss feststellen, dass es leider nicht meinen Vorstellungen entspricht. Entweder ist der Inhalt nicht mein Thema oder der Autor hat einen Stil gewählt, der mir nicht gefällt. Jetzt kann ich wie Otto Normalbürger denken, das wird noch. Das ist eine Möglichkeit, oder ich hinterfrage das Ganze und manchmal verschenke ich das Buch, oder ab in die Tonne.

Frage dich, woher das kommt

Wenn du merkst, dass es dich Energie kostet, frage dich, wieso das so ist? Ist es der Stil, der dir nicht gefällt oder steckt mehr dahinter? Ist es der Inhalt, welcher dich beschäftigt und dich gefangen nimmt? Belastet es dich, schränkt es dich ein oder spürst du eine Opposition in dir? Wenn dir der Stil nicht gefällt, fragst du dich, ob du damit leben kannst. Wenn ja, weiterlesen, wenn nein, weg mit dem Buch. Oder du findest jemand, der es für dich liest und dir die wichtigsten Passagen vermittelt. Wenn es dich jedoch berührt und du sogenannte Ressentiments in dir spürst, solltest du dich damit auseinandersetzen.

Kannst du damit leben

Ich stelle mir bei allem die entscheidende Frage „Kann ich damit leben?“ Hier gilt zu beachten, dass ich ehrlich zu mir selbst bin. Nichts Schlimmeres, als mich zu belügen, da hole ich mir weitere Schwierigkeiten ins Haus. Dazu habe ich in der Tat keine Lust. Kompromisse einzugehen, sind immer von übel. Darum gilt es klar zu überprüfen, was ist gut und bringt mich in meinem Leben weiter? Was schadet mir und kostet unnötige Energie? Es gilt allen Energiefressern, den Garaus zu machen.

Wenn nein, weg mit dem Buch

Wenn du nicht damit leben kannst, verabschiede dich von dem Buch. Wieso willst du dich damit unnötig belasten? Was hast du davon? Rein gar nichts und auf dem Weg zu deiner großen Lebensvision heißt es klar, alles was dich belastet, behindert, trägt nur dazu bei, dass du dich vom Eigentlichen entfernst.

Dein Leben ist zu kostbar

Führe dir das permanent vor Augen. Dein Leben ist das Kostbarste, was du besitzt. Viele Menschen sind der Meinung, das wäre ihr Auto, ein Haus und Schmuck. Natürlich ist alles wertvoll, Menschen in erster Linie. Doch dein Leben ist noch eine Spur wichtiger. Auch wenn Mütter das so nicht gerne stehen lassen und meinen, ihre Kinder wären das Wichtigste. Da muss ich dagegenhalten, die Mütter müssten die Reihenfolge besser ändern und sich in den Mittelpunkt stellen. Wenn ich als Mutter gut drauf bin, kann ich meinem Nachwuchs weitaus mehr vermitteln.

Tue nie mehr etwas, was dich Energie kostet

Cancle alles, was dich Energie kostet. Denn du brauchst diese für das Wesentliche. Zu oft meinen wir, dass vieles wichtig ist und letztlich ist es ein Trugschluss. Für das Wesentliche bleibt zu wenig Zeit übrig. Folglich gehe wachsam durch dein Leben und mache eine gigantische Meisterleistung daraus.

Wofür lebst du

Hast du dir darüber jemals Gedanken gemacht? Wenn ich das die Lehrgangsteilnehmer oder die Leute beim Coaching frage, kommt oft die Antwort „Oh, das weiß ich nicht genau!" Das ist schade oder bist du nur hier auf Erden, um anderen Menschen die Luft wegzuatmen, ihnen das Essen wegzuessen und diese vielleicht zu stressen? Sicherlich findest du das jetzt frech, das macht nichts. Ich werde noch öfters frech zu dir sein, das ist weiters auch nicht schlimm. Damit will ich dich nur aus der Reserve locken.

Wieso bist du hier auf Erden

Welchen Sinn gibt es, dass du hier bist? Mancher gibt darauf die Antwort „Tja, meine Eltern sind daran schuld!" Gut, das wäre die eine Geschichte, da gibt es aber noch die andere. Jeder Mensch hat bestimmte Aufgaben zu erfüllen, davon bin ich überzeugt. Auch wenn die meisten Leute anderer Meinung sind. Das sieht man daran, dass es den Menschen, die ihre wahre Berufung gefunden haben, besser geht. Diese bewegen sich wesentlich glücklicher auf der Erde, wie all die anderen, die irgendeiner Arbeit nachgehen und sich dabei nicht wohlfühlen.

Welche Funktion hast du

Der nächste Schritt ist, was hast du für Funktionen? Jeder Mensch hat bestimmte Begabungen mitbekommen. Dinge, die im Blut liegen, wie es treffend heißt. Wo es fließt, ohne lange nachdenken zu müssen, es hundertprozentig passt. Dies ist das Schönste, was passieren kann, wenn man da hineingerät. In den sogenannten Flow, der absoluten Leichtigkeit des Seins. Denn unser Leben ist leicht und wunderbar. Alles andere als übler Krampf, aber der Mensch macht des Öfteren ein Drama daraus. Schreibe nachfolgend alle

Funktionen auf, von denen du denkst, dass sie zu dir passen und dein Leben erfüllen. Nicht lange überlegen, einfach loslegen.

1.) ______________________________

2.) ______________________________

3.) ______________________________

4.) ______________________________

5.) ______________________________

6.) ______________________________

7.) ______________________________

8.) ______________________________

9.) ______________________________

10.) ______________________________

Ich wünsche mir, dass du die zehn Punkte gefunden hast. Wahrscheinlich ist dies nicht der Fall. So geht es den meisten, wenn sie das erste Mal damit konfrontiert werden. Das ist traurig, wenn man sich so wenig mit sich befasst. Darüber bin ich jedes Mal erschrocken. Man kümmert sich um fast alles, siehe zum Beispiel den Akt, wenn die beste Freundin heiratet. Da geht es bereits, Wochen, wenn nicht Monate vorher mit der Suche nach den passenden Klamotten los. Da muss alles von Kopf bis Fuß stimmen. Aber um das eigene Leben, wie man glücklich wird und das beibehält, dies scheint völlig ausgeblendet zu sein. Schade und traurig, denn es ist unsere große Aufgabe, sich damit zu beschäftigen, dass es einem supergut geht. Denn nur dann ist man imstande, für andere Menschen da zu sein. Gehe erneut über die zehn Punkte. Schreibe auf, was dir in den Sinn kommt. Wenn du es geschafft hast, und so lange solltest du dranbleiben, notiere dir die drei für dich wichtigsten Eigenschaften.

1.) ____

2.) ____

3.) ____

Vielleicht fragst du dich gerade, wieso jetzt noch drei Punkte? Aus einem einfachen Grund, das Ziel ist, dass du deine große Lebensvision findest und die muss in der Regel herausgefiltert werden. Es gibt nur wenige Menschen, die von Anbeginn an genau wissen, was sie wollen und was nicht. Da nahezu keiner sich damit beschäftigt hat, woher soll es dann kommen? Weder die Eltern noch die anderen sogenannten Erziehungsberechtigten haben sich mit diesem Aspekt befasst und ihn vermittelt. Deswegen ist es nun deine spannende Aufgabe, dies zu tun.

Dein Fazit: ____________________________________

Was denkst du jetzt

Ein dringlicher Punkt ist zum Ursprung zurückzukehren, was man denkt und fühlt. Ist das Feeling super, wird es einem warm ums Herz, oder lässt es einem kalt und unberührt? Wichtige Parameter, um sich immer stärker zu finden. Es ist die allergrößte und zugleich auch wichtigste Aufgabe, zu sich zu finden. Je schneller man an sein Inneres gelangt, desto leichter kann man einiges bewegen. Viele tun sich bei der Bewältigung ihres Alltags unendlich schwer, da sie Dinge tun, die gegen ihr Naturell entsprechen. Sich gegen den Strich zu bürsten, ist unangenehm, macht böse und ungehalten. Wer dadurch permanente Adrenalinausschüttungen erhält, tut sich damit keinen Gefallen. Im Gegenteil, es belastet unnötig und fordert Kraft.

Laufe mit Bleistift und Papier durch die Gegend

Habe immer Schreibzeug dabei, wenn dir etwas einfällt, halte es sofort fest. Sehe die nächsten Wochen und Monate als sogenannten Findungsprozess. Ein dringlicher Akt für dich, dass du jeden kleinen Gedanken sofort notieren kannst. Denn es könnte genau der Input für dich sein, welcher dich auf deinem Lebensweg weiter bringt. Habe bitte Geduld und gehe sehr liebevoll mit dir um.

„Rom wurde auch nicht an einem Tag erbaut"

Wir neigen leider oft zur Ungeduld, das ist schade und in diesem Falle mehr als kontraproduktiv.

Das gesamte Leben ist Energie

Unser komplettes Leben ist Energie. Wir sind für unseren eigenen Energiehaushalt verantwortlich. Das können wir auf niemand abwälzen, wie viele es gerne tun. Wir sind der Energiemeister und müssen aufpassen, dass wir stets einen hohen Energielevel unser eigen nennen. Hier klar die konkrete Frage, was bringt uns Energie und was kostet uns Energie? Wir werden nachher Bilanz ziehen. Um in den Flow zu gelangen, musst du völlig frei von Ballast und Energiefressern sein. Davon gibt es genug, diese gilt es klar beim Namen zu nennen, und einen Entsorgungsplan aufzustellen.

Wer tut dir gut

Es gibt Menschen, die tun dir richtig gut. Du denkst an sie und fühlst dich wohl dabei. Es sind positive und lebensbejahende Leute, die voller Lebensfreude durchs Leben gehen, viel bewegen und eine schöne Stimmung durch ihr Sein verbreiten. Menschen, die mit beiden Füßen im Leben stehen und Verantwortung für alles übernehmen, es nicht nötig haben, nach Schuldigen zu suchen, um von der eigenen Unfähigkeit abzulenken. Notiere jetzt all die Leute, die dir Energie geben.

Wer tut dir gut?	**Wieso ist das so?**
1.) ____________________	____________________
2.) ____________________	____________________
3.) ____________________	____________________
4.) ____________________	____________________

5.) ______________________________ ___________________________

6.) ______________________________ ___________________________

7.) ______________________________ ___________________________

8.) ______________________________ ___________________________

9.) ______________________________ ___________________________

10.) _____________________________ ___________________________

Wenn wir etwas sagen, begründen wir das stets. Nicht einfach daher schwätzen, das ist unklug. Denn nur wenn wir das „Warum" verstehen, können wir daran arbeiten und es umsetzen, dass es zum Erfolg führt. Eine spannende Aufgabe, die uns weiterbringt, denn genau um das geht es. Wir wollen und dürfen nicht stehen bleiben. Was hast du für ein Feeling, wenn du dir die Leute anschaust? Reichen die zehn Punkte aus, oder benötigst du weitere?

In der Regel reichen diese locker aus. Es sind eher zu viele, wenn wir es selektionieren, die meisten Menschen gehören leider dazu. Jetzt kommen wir zum nächsten, dir bereits bekannten Schritt. Suche die drei Wichtigsten aus. Welche dir am meisten am Herzen liegen und Energie und Lebensfreude versprühen, dass du jedes Mal gerührt und beseelt davon bist.

Wer tut dir gut?	**Wieso ist das so?**
1.) ______________________________	___________________________
2.) ______________________________	___________________________
3.) ______________________________	___________________________

Wie ist das für dich, wo du es festgehalten hast? Hier sagen die meisten, ich kann das doch nicht machen, die Menschen einfach beurteilen. Natürlich kannst du das und sogar locker, weil es zu deinem neuen Leben dazugehört. Wenn du deine Lebensvision gefunden hast und an ihr arbeitest, ist es dringlich, dass du dich auf einem hohen Level an Energie hältst. Sonst schaffst du es nicht und das ist schade. Denke daran, du kannst nicht jedermanns Liebling sein, denn jedermanns Liebling ist jedermanns „Depp!" Möchtest du das sein? Ich kann es mir nicht vorstellen.

Dein Fazit: ____

Wer tut dir nicht gut

„Da gibt es einige Menschen." Das höre ich öfters auf den Schulungen und beim Coaching. Dazu kommt meistens noch „Aber was soll ich denn machen?" Oh je, oh je, was sollte man mit Menschen machen, die einem nicht guttun? Was denkst du, wie viele Lösungen es gibt? Bekehren, umändern, sich wünschen, dass diese sich ändern? Glaubst du, das wird funktionieren? Bestimmt nicht, es ist zwar das, was einige oft versuchen, den anderen zu manipulieren. Nur dieser Schuss geht häufig nach hinten los.

Den Blödsinn können wir uns von Anfang an schenken, das gibt keinen Sinn. Es ist übrigens auch nicht unsere Aufgabe zu versuchen, einen anderen derart zu manipulieren, dass es für uns passt. Viele Eltern probieren es mit ihren Kindern und scheitern in der Regel kläglich. Erschwerend kommt hinzu, dass es für die Kleinen nicht gut ist. Denn solche Machenschaften stärken nicht gerade das Rückgrat und führen nie zu freien, selbst entscheidenden Menschen. Im Gegenteil, jede Menge Minderwertigkeitskomplexe finden hier ihren Ursprung. Genauso eine Ekelnummer sind Partner, die versuchen, mit allen Mitteln den anderen derart zu manipulieren, dass er brav und lieb ist. Nun denn, schreibe bitte alle

Leute auf, die dir nicht guttun. Wenn zehn Punkte nicht ausreichen, schreibe zwischen den Zeilen. Dann mache aus den zehn, zwanzig Punkte und wenn das nicht reicht, nimm noch den Buchrand mit dazu.

Wer tut dir nicht gut?	**Wieso ist das so?**
1.) ______________________	______________________
2.) ______________________	______________________
3.) ______________________	______________________
4.) ______________________	______________________
5.) ______________________	______________________
6.) ______________________	______________________
7.) ______________________	______________________
8.) ______________________	______________________
9.) ______________________	______________________
10.) _____________________	______________________

Wie fühlst du dich? Als ich dies das erste Mal gemacht habe, bin ich erschrocken. Manchmal hatte ich sogar Hemmungen, einige Leute aufzuschreiben. Zumal, wenn sie aus den eigenen Reihen, der Familie kamen. Aber was bringt es, wenn wir anfangen zu mogeln? Überprüfe nochmals die Liste, ob du wirklich alle erfasst hast. Es ist enorm wichtig, für die gesamte Arbeit an deinem Lebenswerk. Jeden Störenfried musst du kennen und auch wissen, wie du mit ihm in Zukunft umgehen wirst. Nachfolgend halte die drei Schlimmsten fest.

Wer tut dir nicht gut?	**Wieso ist das so?**
1.) ______________________	______________________
2.) ______________________	______________________
3.) ______________________	______________________

War dir das klar? Oder bist du vielleicht erschrocken, so wie ich es war? Wichtig ist bei all diesen Aufgaben, dass du ehrlich zu dir bist. Du musst dir nichts vormachen, oder wie manch einer meint „Ja, wie stehe ich denn da?" Das ist deine private Ausarbeitung, die niemanden etwas angeht. Es ist dein persönliches Werk und du wirst ja wohl das Recht haben, Bilanz zu ziehen.

Dein Fazit: ____

Was kostet dich am meisten Energie

Was denkst du, kostet dich am meisten Energie? Wer ist das? Diese Gedanken solltest du die nächsten Wochen und Monate weiterhin verfolgen und verfeinern. Jedes Mal, wenn du mit jemanden Kontakt hast, lasse es unverzüglich durch den Filter von

„Tut mir gut - tut mir nicht gut"

laufen. Das hilft dir, einen besseren Überblick zu verschaffen. Du kannst es dir langfristig nicht erlauben, mit sogenannten Energiefressern zusammen zu sein. Du brauchst Begegnungen, die dich inspirieren, beseelen, dir Kraft geben und guttun, dass du dich konstant auf einem hohen Level bewegen kannst. Alles andere ist kontraproduktiv und genau das kannst und sollst du dir nie wieder leisten. Es ist deine kostbare Lebenszeit, die flöten geht. Deine

Zeit ist für dich genau so kostbar wie Gold, du kannst mit ihr unendlich viel machen und erreichen, oder auch nicht. Du kannst die Zeit jedoch weder sparen, kaufen noch sonst etwas. Jede Stunde, die abgelaufen ist, ist unweigerlich vorbei und kommt niemals wieder in deinem Leben.

Was willst du wirklich

Du bist voller Hoffnungen und Inspirationen geboren worden. Das hielt lange an, was wolltest du nicht alles als kleines Kind sein und werden? Je älter du wurdest, desto weniger ist davon übrig geblieben. Es wurde immer weniger, alles ist der sogenannten Realität gewichen. Wobei die große Frage ist, welcher Realität? Ganz einfach, der Realität deiner Erzieher. Je nachdem welche diese haben, hast du diese Realität mitbekommen, viele Glaubenssätze erhalten. Darüber Näheres in einem späteren Kapitel. Deine Erzieher haben dir gezeigt, wie das Leben läuft, was realistisch ist und was nicht. Was man tut und was nicht, wie man sich zu benehmen hat und wie nicht. Du hast eine riesige Palette an Verhaltensregeln und -maßnahmen erhalten. Dies hat dich geprägt, dass dein eigentliches „Ich" mit all den Vorstellungen und Wünschen ziemlich in den Hintergrund geraten ist, oder sogar gänzlich verschüttet wurde. Habe keine Angst, tief in deinem Inneren, schlummert es noch. Jetzt heißt es, das Ganze erneut zu reaktivieren. Das wird kein leichter Prozess werden. Wenn du jedoch wirklich willst und hundertprozentig mitarbeitest, werden wir es schaffen, dass du da wieder anknüpfen kannst.

Ich allein

Ja, was willst du? Was wünschst du dir von ganzem Herzen? Je älter die Menschen werden, desto mehr höre ich „Ich bin zufrieden, brauche nichts!" Das ist Blödsinn, jeder Mensch und sei er noch so jung oder alt, hat bis zum Schluss seine großen und kleinen Visionen. Das meiste natürlich verschüttet durch die vermeintliche Realität des Lebens. Schreibe bitte, ohne zu überlegen auf, was du gerne hättest und sein möchtest. In dem Moment, wo du anfängst, zu überlegen hast du verloren. Dann taucht sofort aus dem Unterbewusstsein die Botschaft auf „Das ist nicht leicht, schaffst du nicht, bist schon zu alt. Das kannst du dir nicht leisten!" Und weiterer Schwachsinn, der dich sofort ausbremst. Deswegen festhalten und wieso du das gerne hättest.

Was hättest du gerne?	**Wieso hättest du das gerne?**
1.) ____________________	____________________
2.) ____________________	____________________
3.) ____________________	____________________
4.) ____________________	____________________
5.) ____________________	____________________
6.) ____________________	____________________
7.) ____________________	____________________
8.) ____________________	____________________
9.) ____________________	____________________
10.) ____________________	____________________

Was hast du für ein Feeling? Wie geht es dir? Schlägt dein Herz bei dem ein oder anderen höher? Als ich es das erste Mal gemacht habe, war es sehr komisch, aber auch ergreifend. Es hat mich nicht mehr losgelassen. Unendlich viel Power und Emotionen steckten da dahinter, das hätte ich damals niemals für möglich gehalten. Nachfolgend deine drei wichtigsten Punkte, diese bitte unverzüglich festhalten.

Was hättest du gerne? **Wieso hättest du das gerne?**

1.) ______________________ ______________________

2.) ______________________ ______________________

3.) ______________________ ______________________

Merkst du, wie es klarer, greifbarer und konkreter wird? Es ist zum Greifen nahe und das ist das Wunderschöne, wenn man in die Schriftlichkeit geht. Leider machen das die wenigsten Menschen. Die meisten versuchen aus dem Bauch heraus, eine Lösung zu finden. Was dabei herauskommt, ist häufig diffus und man kann es nicht festhalten. Was man aber schwarz auf weiß vorliegen hat, kann jederzeit nachgelesen werden. Den Fortschritt somit dokumentieren, um den geht es schlussendlich. Nun halte deinen dringlichsten Punkt fest.

Mein wichtigster Punkt? **Wieso ist das so?**

1.) ______________________ ______________________

Wie ist dein Empfinden? Wie geht es dir? Vielleicht nervt dich die ewige Fragerei. Ich gehe davon aus, dass es das erste Mal in deinem Leben ist, dass du dich so oft und intensiv hinterfragst. Das gehört zu deinem neuen Leben dazu, ist ein absolutes „Muss!" Je besser du dich kennst, desto mehr bist du auf deiner Ideallinie und diese bringt dich in deinem Leben weiter.

Dein Fazit: ______________________________________

Unabhängig von all den anderen

Ich werde nun mit dir zusammen einige deiner Beeinflusser und Manipulierer anschauen. Diese haben und nehmen teilweise bis zum heutigen Tage massiven Einfluss auf dich, versuchen dich zu manipulieren. Erkenne sie klar und deutlich, dann geht es ans Eliminieren. Getreu dem Prinzip von

„Gefahr erkannt – Gefahr gebannt!"

Ganz einfach ist das und du wirst erstaunt sein, wer alles auf dich Einfluss genommen hat und noch nimmt. Schaue den Tatsachen glasklar ins Auge und los geht es. Auf deinem Weg zur großen Lebensvision darfst du nichts dem Zufall überlassen, nie mehr, sonst wirst du deine Ziele nie erreichen. Das wäre fatal, wenn du deswegen nicht an deinem Ziel ankommen würdest.

Unabhängig von den Erziehern

Du hattest in deinem Leben noch weitere Erzieher, welche dich begleitet haben. Angefangen bei den Eltern, sich erstreckend über den Kindergarten, die Schule, die Lehre, das Studium und eventuell noch das Militär. Schauen wir uns diese Erzieher im Schnelldurchlauf kurz an.

Die Eltern

Manche Eltern kommen zu keinem Ende. Spätestens bei Volljährigkeit sollte die Geschichte abgeschlossen sein. Aber einige Eltern kennen keine Limits. Sie machen weiter, sehr zur Langzeitschädigung der armen Kinder, die häufig bis ins hohe Alter in den Genuss der Manipulierer kommen. Na ja, so arm sind die Kinder auch wieder nicht, du kannst dich ja vehement dagegen wehren. Es liegt doch bei dir, ob du die Spielchen mitmachst. Wenn die Eltern nicht imstande sind, die Nabelschnur zu durchtrennen, müssen es die Kinder tun. Auch wenn das nicht immer lustig ist und auf massiven Widerstand stößt. Du musst es jedoch vollziehen, sonst lebst du in dem Bann und das tut dir nicht gut. Folglich passe gut auf dich auf und checke was deine Eltern mit dir treiben, und was du geschehen lässt. Schreibe auf, wo dich deine Eltern manipuliert haben oder noch manipulieren.

Was ist passiert?	Wieso lässt du es zu?
1.) ____________________	____________________
2.) ____________________	____________________
3.) ____________________	____________________
4.) ____________________	____________________
5.) ____________________	____________________

Ich habe bewusst nur fünf Punkte aufgeführt. Selbstverständlich können es mehr sein. Fünf müssten jedoch im Normalfall reichen. Jetzt kristallisiere den für dich Gravierendsten heraus.

Was ist passiert?	Wieso lässt du es zu?
1.) ____________________	____________________

Was ist zu tun? Verbiete es dir, auch wenn deine Eltern sich darüber mokieren sollten, das ist nicht dein Problem. Hat mit dir nichts zu tun, damit müssen deine Eltern klarkommen. Vielleicht findest du das unmöglich, das ist aber relativ. Weißt du, deine Eltern waren vor dir auf dieser Erde. Sie sollten somit einen gewissen Vorsprung haben und nicht den Kindern das Leben schwer machen.

Dein Fazit: ________________________________

Der Kindergarten

Das ist schon eine Weile her. Sicherlich ist da noch etwas hängen geblieben. Vielleicht gibt es etwas Prägendes, dass dich bis heute begleitet. Schlüsselerlebnisse, die dich nicht mehr loslassen, oft mit einem bitteren Geschmack hochkommen, halte diese bitte fest.

Was passierte?	Was bedeutet es für dich?
1.) ______________________________	____________________________
2.) ______________________________	____________________________

Ich denke, zwei Punkte reichen. Wie fühlt es sich an? Beschäftigt es dich? Was hast du bis zum heutigen Tage davon mitgenommen und wie sehr beeinflusst es dich noch? Welches war das prägendste Erlebnis und hat heute noch seine spürbare Relevanz?

Was passierte?	Was bedeutet es für dich?
1.) ______________________________	____________________________

Sei dir darüber im Klaren, dass es lange her ist und es sich um die reine Vergangenheit handelt. Also blicke bitte nie wieder zurück. Denn wie es das Wort Vergangenheit sagt, es ist „Vergangen" aus und vorbei und kommt folglich nie wieder. Du musst dir darüber nicht mehr den Kopf zerbrechen. Blicke in deine Gegenwart, das ist der Moment, in dem du lebst.

Dein Fazit: ____

Die Schule

Da hast du bestimmt noch einige Erinnerungen. Denn in die Schule sind wir doch ein wenig länger gegangen, wie in den Kindergarten. Uns begleiteten verschiedene Lehrer, von wunderbaren, menschlichen Pädagogen und die, welche man am liebsten vergisst. Super, was man mit uns alles gemacht hat und die vielen schönen Aussagen, klasse. Einige haben einen Schaden bis ans Ende ihres Lebens. Denn eine Kinderseele ist nun einmal enorm empfänglich und kann nicht unterscheiden, wer es gesagt hat und was die Intention davon ist. Unglaublich, was da manche an den

Tag legen. Wie war es bei dir? Gibt es Erlebnisse, welche dich bis heute geprägt haben, woran du öfters denkst?

Was passierte?	**Was bedeutet es für dich?**
1.) ______________________	______________________
2.) ______________________	______________________
3.) ______________________	______________________
4.) ______________________	______________________
5.) ______________________	______________________

Hier sind es mit Sicherheit einige Punkte mehr. Ich hatte auch etliche Schlüsselerlebnisse. Einige positive Erlebnisse, aber fast genauso viele negative. Ich kann nur eines sagen, zum Glück war ich dagegen immun und fand es sogar belustigend, wenn mancher Lehrer meinte „Wir sind bisher noch mit jedem fertig geworden!" Allein diese Aussage als ausgebildeter Pädagoge zu tätigen, ist in meinen Augen sträflich. Welches war deine prägsamste Aussage?

Was passierte?	**Was bedeutet es für dich?**
1.) ______________________	______________________

Was denkst du, hast du einen Schaden dadurch erlitten? Begleitet und belastet es dich bis zum heutigen Tage? Ich erlebe das oft bei den Schulungen, wenn ich zu den Teilnehmern sage „Komm bitte nach vorne!" Da wechseln die meisten die Farbe und die Stimme fängt an zu zittern. Das ist zum Beispiel ein Kollateralschaden der Schule. Denn von sich aus hat ein Kind kein Problem damit.

Anderes Beispiel „Jetzt malen wir dies und jenes!" „Ich kann nicht malen" kommt fast aus aller Munde. „Ja, woher wissen sie denn das?" „Das war schon immer so." Klare festgezurrte Meinung. Wenn wir etwas in die Tiefe gehen, dürfen wir feststellen, dass bis zur Schule oder Kindergarten kein Kind große Probleme mit dem Malen hatte. Das fängt erst danach an, wenn der Einzelne zum Gespött der Klasse herhalten muss.

Dein Fazit: ______________________________

Lehre/Studium

Da geht es häufig gerade nach demselben Schema weiter. Je nach Lehrherr und der passenden Berufsschule. Oder beim Studium, mit den verschiedenen Professoren. Auch da passieren die tollsten Dinge. Was hat dich geprägt?

Was passierte?	**Was bedeutet es für dich?**
1.) ____________________	____________________
2.) ____________________	____________________
3.) ____________________	____________________
4.) ____________________	____________________
5.) ____________________	____________________

Was empfindest du dabei? Was ist da genau passiert und welchen Einfluss hat die Geschichte auf dein heutiges Leben? Was ist deine bedeutsamste Aussage, die dich heute noch durch dein Leben begleitet? Sicherlich fällt dir diese sofort ein, du kannst sie aus deinem tiefsten Inneren abrufen.

Was passierte? **Was bedeutet es für dich?**

1.) ________________________ ________________________

Wie gehst du damit um, wie fühlt es sich an? Wie kommst du damit klar? Was lernst du für deine Zukunft daraus? Wie soll es diesbezüglich mit dir weitergehen?

Dein Fazit: ____

Militär

Für die Jungs, oh fast hätte ich die Mädels vergessen, was ist bei deiner Militärzeit alles vorgefallen? Wie war es beim Militär für dich? Was hat dich am meisten geprägt? Schreibe es dir nachfolgend von der Seele.

Was passierte? **Was bedeutet es für dich?**

1.) ________________________ ________________________

2.) ________________________ ________________________

3.) ________________________ ________________________

4.) ________________________ ________________________

5.) ________________________ ________________________

Je nachdem wohin du zum Militär kamst, war es entsprechend rustikal und heftig. Wahnsinn, was da teilweise abgegangen ist oder abgeht. Ob das alles optimal war? Ich glaube nicht für jedermann? Das hat sicherlich auch Spuren hinterlassen. Was war dein einprägsamstes Erlebnis?

Was passierte? **Was bedeutet es für dich?**

1.) ______________________ ______________________

Wie kommst du mit dieser Geschichte klar? Hat es noch heute einen Einfluss auf dich? Inwiefern belastet es dich?

Dein Fazit: ______________________________________

Unabhängig von meinem Partner

Tja, die liebe Partnerschaft, das ist sowieso für die meisten eine Supernummer. Oh Mann, wenn ich mich da in meinem Umfeld umschaue. Horror und alles unter dem Deckmäntelchen der großen, ewigen Liebe. Da versucht einer, den anderen fortlaufend zu manipulieren. Selbst wenn das die Beteiligten meist abstreiten.

Sei wachsam und beobachte es einmal gezielt in deinem Umfeld. Was passiert da alles? Was geht genau in deiner Partnerschaft ab? Wie sehr stehst du unter den Fittichen deines Partners? Wer hat das Sagen? Gibst du häufig klein bei? Bevor du das kategorisch abstreitest, dass bei dir alles in bester Ordnung ist, überprüfe es. Denn es wird von maßgeblicher Bedeutung für deine Entwicklung, in Richtung Lebensvision und -werk sein.

Wenn du da einen Partner an deiner Seite hast, der permanent dazwischen funkt, weil es ihm/ihr gerade langweilig ist, hast du deinen Energiefresser par excellence. Schlimm, na klar, sehr schlimm. Denn der Partner wird dich nicht motivieren oder dir Mut zusprechen, wenn du einmal einen Hänger hast. Dieser wird alles versuchen, dass du aufgeben wirst.

Was passiert? **Wieso lässt du es zu?**

1.) ______________________ ______________________

2.) ______________________ ______________________

3.) ______________________ ______________________

4.) ______________________ ______________________

5.) ______________________ ______________________

Normalerweise sind Partner die größten Energiefresser, die man sich vorstellen kann. Dabei könnte eine Partnerschaft so harmonisch sein, wenn man den anderen in Ruhe lassen würde. Es gibt nichts Schöneres, als vereint am großen Lebenswerk zu arbeiten. Mit vereinten Kräften geht es zügiger voran. Dazu braucht es aber absolute Harmonie, Frieden, kein Hauen und Stechen. Was ist deine schlimmste Situation?

Was passierte? **Wieso lässt du es zu?**

1.) ______________________ ______________________

Wie fühlt es sich für dich an? Sei bitte ehrlich, manch einer meint es wäre Verrat am Partner, das ist Blödsinn. Was ist das, wenn dein Partner dich versucht, permanent in seinem Sinne zu beeinflussen? Ist das nett, fair und aufbauend? Bestimmt nicht, das ist abartig, um nicht zu sagen pervers.

Dein Fazit: ______________________________________

Unabhängig von meinen Kindern

Irgendwann ändert sich die Geschichte. Wenn die Eltern älter werden, fangen die Kinder an diese massiv zu manipulieren und zu bevormunden. Einfach abstoßend, das Ganze. Es hat auch ein älterer Mensch das Recht, auf sein eigenständiges Leben. Noch im

Alter kann man zu seiner Lebensvision finden. Natürlich bleibt dann nicht mehr so viel Zeit übrig, wie in jungen Jahren, aber das macht nichts.

Man kann auf Lebenserfahrung zurückblicken, wenn man diese richtig umsetzt und anders damit umgeht als ein junger Mensch. Auf der anderen Seite hat es auch Vorteile, wenn man früh anfängt. Also egal wie alt du bist, fange endlich an, es ist niemals zu spät. Tue es und lasse dich nie, nie, niemals wieder von irgendjemandem manipulieren. Denke daran, es ist dein Leben und du hast es nur ein einziges Mal.

Unabhängig von der Firma

Viele fühlen sich von der Firma manipuliert, in welcher sie arbeiten. Das ist schlecht, zumal man doch einen Großteil seiner Lebenszeit bei der Arbeit verbringt. Dieser Zustand kann auf Dauer krank machen. Hier gilt es besonders aufzupassen. Überprüfe, ob es dir in der Firma, in welcher du dich momentan befindest, Spaß macht zu arbeiten oder eher das Gegenteil davon. Wenn ja, wunderbar, wenn nein, überlege dir, woran das im Einzelnen liegen könnte? An dem Betriebsklima, am Chef, den Kollegen oder vielleicht sogar an dir selbst? Kannst du etwas daran ändern? Hast du tatsächlich eine reelle Chance? Wenn ja, nutze diese unbedingt und sofort. Wenn nein, arbeite auf deinen geplanten Absprung zu. Gehe mit riesigen Schritten endlich die Richtung deines großartigen Lebenswerkes, welches schon immer dein Traum war. Dadurch wird dein Leben sich zum Positiven verändern.

Was willst du nie mehr

Von was will ich, bis hin zu was will ich nie mehr, ist die nächste Geschichte. Erstens muss ich wissen, wo die Reise hingehen soll. Dann kommt der nächste Punkt, ich muss wissen, was will ich nie wieder. Da muss ich intensiv daran arbeiten, sonst wird es nichts. Das ist wie bei den Finanzen, wenn du mehr Geld haben möchtest, hast du zwei Aufgaben zu lösen. Erstens, du musst für mehr Einkommensquellen sorgen. Aber das nützt dir wenig, wenn du zweitens auf der anderen Seite nicht einige deiner Ausgaben cancelst. Sonst passiert genau das, was fast meistens der Fall ist. Die Einnahmen erhöhen sich, parallel dazu steigen die Ansprüche und somit deine Ausgaben.

Was raubt dir den letzten Nerv

Den Ausdruck kennst du bestimmt. Alles, was dich Zeit, Nerven und Lebensqualität kostet, gehe sofort hin und cancle es. Schade, wenn du dir das antust. Wir glauben oft, dass wir Dinge nicht ändern können, als müssten sie so sein, wie sie sind. Das ist ein fataler Rückschluss, diese Dinge machen mittel- bis langfristig krank. Hier trägst du eine riesige Verantwortung für dich. Du bist der Herr über dich und somit ist es deine Aufgabe, es dahin gehend zu ändern, dass es dir gut geht. Sehr gut sogar, und dass du dich in deinem Leben wohlfühlst. Halte bitte deine Punkte fest, was und wieso dich diese nerven.

Was nervt dich?	**Wieso nervt es dich?**
1.) ______________________	______________________
2.) ______________________	______________________

3.) ______________________________ ______________________________

4.) ______________________________ ______________________________

5.) ______________________________ ______________________________

6.) ______________________________ ______________________________

7.) ______________________________ ______________________________

8.) ______________________________ ______________________________

9.) ______________________________ ______________________________

10.) ______________________________ ______________________________

Vielleicht denkst du jetzt, dass der Platz nicht ausreicht. Die Zeilen zu klein sind, um richtig zu schreiben. Gewöhne dir an, die Dinge in Stichpunkten festzuhalten. Den Rest kannst du dir selbst ausschmücken. Es hat sich bewährt, alles kurz, knapp und präzise zu formulieren. Lange Sätze sind zu kompliziert und stellen beim Lesen ein Problem dar. Wenn du nun deine gesamte Palette an Aufzählungen anschaust, was hast du für ein Gefühl dabei? Auf den Seminaren höre ich meistens „Das ist gar nicht so leicht! Was mir Kopfzerbrechen macht, wie ich das lösen soll?" Das kann ich gut nachvollziehen.

Wir bekommen das unmöglich alles auf einmal gebacken. Der erste Schritt ist, alles zu sammeln und sich einen Generalüberblick zu verschaffen. Dadurch kann man schon einmal mit der Situation umgehen. Danach folgt die sogenannte Feinanalyse. Dann geht man ins Detail und überprüft, was die schlimmsten Fälle sind. Diese werden herauskristallisiert. Das hilft, denn dadurch kann man sich auf den heftigsten Punkt konzentrieren. Eines hat sich gezeigt, wenn ich mir angewöhne, die eine Sache und in dem Fall wäre das den schlimmsten Energiefresser zu lösen, lösen sich nachher alle anderen wie von Geisterhand. Das ist der berühmte Dominoeffekt. Das kennst du sicherlich auch, einen Stein angestoßen und alle anderen fallen um. Halte deine drei schlimmsten Punkte fest.

Was nervt dich?	**Wieso nervt es dich?**
1.) ______________________	______________________
2.) ______________________	______________________
3.) ______________________	______________________

Jetzt hast du eine Entscheidung gefällt, was den meisten Menschen unendlich schwerfällt. Da höre ich häufig, dass man nichts falsch machen möchte und vor lauter Angst, verbunden mit der schlimmen Krankheit „Perfektionismus" tut man lieber gar nichts. Schiebt die Dinge von links nach rechts und wartet auf den großen Durchbruch, der da endlich kommen möge.

Aber da passiert leider nichts, wozu auch? Denn ohne klare Entscheidungen und den darauf basierenden Handlungen, bleibt alles beim Alten. Schlimm? Nein, nur traurig, weil dadurch das Wertvollste was wir Menschen haben, unsere Lebenszeit, kaputt gemacht wird. Was denkst du nun von deinen drei Punkten? Überprüfe nochmals kurz, ob es wirklich deine drei Größten sind. Jetzt suchst du dir den Dringlichsten heraus.

Was nervt dich?	**Wieso nervt es dich?**
1.) ______________________	______________________

Ich finde es großartig, dass du die Aufgaben eine nach der anderen löst. Wichtig, dass alles ein Teil von dir wird. Das schafft man nur, wenn man sich intensiv mit der Materie auseinandersetzt. Das kann ein Buch ohne Aufgaben, welches man nur liest, nie bewirken. Denn wir alle leiden unter unserer Vergesslichkeitsquote und die ist immens hoch. Innerhalb von 14 Tagen haben wir circa 90% des Gelesenen vergessen, also bleibt nur ein geringer Bruchteil haften. Wenn wir uns aber Gedanken machen, damit auseinandersetzen, die Aufgaben lösen und festhalten, indem wir direkt ins Buch schreiben, erreichen wir eine höhere Quote. Wenn wir unsere Fortschritte überprüfen, werden wir immer besser.

Auch wenn es für dich manchmal ein wenig mühsam erscheint. Das Problem dabei ist, du bist es nicht gewohnt, es in dieser Form zu tun, das ist alles, wie mit vielen Dingen im Leben. Es braucht immer einen Anfang und durch tägliches Training, davon gehe ich zumindest aus, dass du jeden Tag daran arbeitest, gewinnst du Routine. Es wird im Schnitt nach 60 Tagen zur Selbstverständlichkeit, als ob du noch nie etwas anderes getan hättest. Also immer frohen Mutes des Weges gehen und du wirst ein großer Meister deines Lebens.

Dein Fazit: ____

Wo geht es dir schon bei dem Gedanken daran schlecht

Wir vertiefen das Ganze erneut. Vielleicht denkst du, wieso schon wieder etwas Ähnliches. Weil es dringlich ist, dass du deine Lebenssituation von allen Seiten genau durchleuchtest. Die meisten Leute streifen gerade einmal solche Dinge. Regen sich regelmäßig darüber auf, kommen jedoch nie ins Handeln und damit nie in die Veränderung. Das ist doch verrückt, derart durchs Leben zu gehen. So etwas tut man nicht, schon gar nicht sich selbst gegenüber. Wichtig ist, eine hohe Meinung von sich zu haben, sorgsam und liebevoll mit sich umzugehen. Das tun die wenigsten und sind erstaunt, wenn die Seele leidet und streikt. Schreibe spontan auf, wo es dir schlecht geht, allein bei dem Gedanken daran. Beachte bei dieser Aufgabe, dass du nicht das Vorherige nochmals liest. Sieh es als eine neue Aufgabe.

Welche Gedanken sind es?	**Wieso ist das so?**
1.) ______________________	______________________
2.) ______________________	______________________
3.) ______________________	______________________
4.) ______________________	______________________
5.) ______________________	______________________
6.) ______________________	______________________
7.) ______________________	______________________
8.) ______________________	______________________
9.) ______________________	______________________
10.) ______________________	______________________

Schreibe bitte alles auf, auch wenn du denkst, dass es banal ist. Jeder Gedanke ist es wert, ihn festzuhalten. Oft sind es die kleinen Dinge, welche die größte Wirkung haben. Um für seine große Lebensvision völlig frei zu sein, dürfen wir keinen Platz für kleines pillepalle Zeug haben. Wenn wir diesen Schritt gehen, sind wir ein Adler und kein Huhn. Wir haben keine Zeit, mit den Hühnern weiter rumzugackern. Siehe hierzu mein Buch „Bist du ein Huhn oder ein Adler!“ Konzentration auf das Wesentliche, ist die große Devise und da tun sich fast alle schwer.

Denn Gewohnheiten legt man nicht so schnell ab, weil bereits seit vielen Jahren oder womöglich Jahrzehnten permanent das gleiche Muster abläuft. Es spielt jedoch ab sofort keine Rolle mehr, wo du herkommst, was du erlebt und mitgemacht hast. Es gilt nur noch eines, wo es hingehen soll. Auch wenn einige behaupten, dass das wichtig wäre und man niemals seine Herkunft vergessen sollte. Nun, da muss ich fragen, wer sagt dies? Ist das jemand, der in seinem Leben erfolgreich ist? Oder ist es einer dieser unzähligen Dampfplauderer? Die den anderen sagen, was wichtig ist und was nicht, selbst aber nichts zustande bringen. Überhöre solche gut gemeinten Ratschläge. Wie es das Wort Ratschläge aussagt, handelt es sich dabei um Schläge, diese benötigst du niemals wieder.

Vergiss es und höre da nie wieder hin, stelle dich taub. Richtig Erfolgreiche hören da auch nicht hin. Wenn du nun aus der Sammlung von den zehn Points, die drei wichtigsten raussuchst, bist du ein riesiges Stück weitergekommen. Das zeichnet dich aus, da kannst du stolz sein. Die meisten Menschen träumen und jammern lieber ein Leben lang. Du aber gehörst zu den Machern, die aktiv ihr Leben in die eigenen Hände nehmen und nicht ihr sogenanntes vermeidbares Schicksal beklagen.

Welche Gedanken sind es?	**Wieso ist das so?**
1.) ______________________	______________________
2.) ______________________	______________________
3.) ______________________	______________________

Sei stolz auf dich! Vielleicht kannst du jetzt mit dieser Botschaft überhaupt nichts anfangen, findest es sogar komisch. Das ist nicht schlimm, denn du bist es nicht gewohnt und das ist schade. Es hat uns kaum jemand beigebracht, wie wichtig es ist, uns zu lieben, zu respektieren und zu loben. Genau das ist der springende Punkt, jeder Mensch braucht das. Wenn wir aber warten, dass sich von Außen her etwas tut, ist das eine recht komplizierte und langwierige Angelegenheit. Da können wir in der Regel lange warten.

Weil wir auf andere angewiesen sind, auf deren Gnade und genau davon musst du wegkommen. Denn so hängt alles davon ab, ob die anderen gut drauf sind oder nicht. Ob sie bereit sind, dir ein paar Streicheleinheiten zu geben. Das Gegenteil ist meistens der Fall. Wieso sollten diese es tun? Folglich sei für dich selbst verantwortlich, da hast du genug zu tun. Wie fühlt es sich jetzt für dich an? Geht es dir gut, dass du endlich das Elend zu Papier gebracht hast? Fühlst du dich dadurch erleichtert? Nun bringe deinen Hauptpunkt zu Papier.

Welcher Gedanke ist es?	**Wieso ist das so?**
1.) ______________________	______________________

Fühlst du dich immer noch gut oder quält dich bereits der Gedanke, wie du das Problem lösen wirst? Das erlebe ich öfters bei den Schulungen oder beim Coaching. Nun, einen Schritt nach dem anderen. Ich vergleiche das mit einem Patienten, der einige Leiden hat. Da wird auch nicht sofort operiert, sondern erst gecheckt, was in Disharmonie ist. Danach wird entschieden, wo man anfängt. Die lebensbedrohlichen Dinge werden selbstverständlich unverzüglich angegangen.

Dein Fazit: ____

Wieso bin ich da involviert

Wieso bist du in einigen Dingen involviert, woher kommt das? Dies ist ein enorm wichtiges Thema. Wenn wir nicht aufpassen, geraten wir oft in Situationen hinein, die nicht erbauend sind. Anstatt zu leben und agieren, bleibt uns nur das Reagieren. Das ist die schlechteste Ausgangsbasis, die wir uns schaffen können. Es tut nicht gut und beschert uns unnötig Stress. Wer permanent gegen sein wahres Inneres und seine Bestimmung lebt, wird krank. Das lässt sich nicht verhindern, keine Chance. Unzählige Burnouts und sonstige Stress- und Frustkrankheiten wie Herzinfarkt, Tinnitus, Schlaganfall, sprechen eine deutliche Sprache.

Darum ist es deine Pflicht, achtsam gegenüber deinem Körper, deiner Seele und deinem Geist zu sein. Auf diese Aussage ernte ich des Öfteren ein mildes Lächeln. Das ist kein Problem für mich, ich lächle nett zurück und hoffe, dass mein Gegenüber die Tragik begreift. Viele tun es erst, wenn es bereits geknallt hat. Dann ist das Geschrei riesig und die Frage „Wieso ich, ich habe doch keinem etwas zuleide getan!“ Doch, dir persönlich und dies ist das Schlimmste, was du tun kannst.

Du bist das Wertvollste, was du besitzt

Wir befinden uns erneut in der Wiederholung. Je öfters wir die Punkte wiederholen, desto mehr Wirklichkeit schaffen wir damit. Darum heißt es passend

„In der Wiederholung liegt die Kraft!“

Fange damit an, die für dich wichtigen Dinge permanent zu wiederholen. So wie das viele Menschen mit anderen Dingen praktizieren. Du kennst bestimmt die nette Aussage „Es kotzt mich auf der Arbeit an!“ Weißt du, was hier passiert, durch das permanente und ständige runterleiern, wird es zu einem Teil von dir. Weißt du überhaupt, was das bedeutet? Ich finde es fatal, den Tag über verkotzt herumzulaufen. Pfui, wie eklig. Da gibt es noch weitere dumme Aussagen wie „Männer wollen immer nur das eine. Die Welt ist ungerecht, ich muss für mein Geld so hart arbeiten. Ich habe nie Glück. Ich bin zu dumm!" Dies sind die sogenannten Glaubenssätze und von denen haben wir jede Menge mitbekommen und kommen heute noch in den Genuss davon.

Wenn du dich im Spiegel betrachtest, ist es deine erste Aufgabe und Pflicht, dich anzulächeln und dich zu freuen. Findest du nicht auch, dass es schön ist, dass es dich gibt? Das ist doch ein wunderbarer Traum und wenn man bedenkt, wie viele Fähigkeiten in dir stecken. Es ist gigantisch, aber auch traurig, wenn man dann sieht, mit wie wenigen du davon arbeitest. Genau das musst du ändern, es bringt kein Glück, wenn man unter seinen Fähigkeiten und seinem Können lebt. Halte jetzt deine größten Fähigkeiten fest.

Welche Fähigkeiten hast du?	Wieso ist das so?
1.) ______________________	______________________
2.) ______________________	______________________
3.) ______________________	______________________
4.) ______________________	______________________
5.) ______________________	______________________

Wir belassen es bei fünf Points und kommen zu einem späteren Zeitpunkt nochmals kurz darauf zurück. Wichtig ist, dass du diese bereits festgehalten hast. Das verschafft dir einen ersten Überblick. Als Herrscher über dein Leben ist das enorm wichtig, und gibt dir unendliche Kraft.

Wie kannst du das Problem lösen

Das ist die Frage, aller Fragen. Dass Probleme vorhanden sind, ist bekannt, spätestens nach einer intensiven Analyse. Jetzt geht es an die schnelle Umsetzung. Das vergessen leider die meisten und quälen sich lieber weiter. Dabei noch in der Hoffnung lebend, dass sich die Dinge von selbst lösen mögen, welch ein Trugschluss. Ohne dein aktives Zutun wird sich nichts lösen. Im Gegenteil, das weißt du bestimmt aus eigener Erfahrung. Probleme, die nicht gelöst werden, haben die unschöne Eigenschaft, sich zu vergrößern. Dadurch wird aus einem kleinen Problem ein großes und dann geht irgendwann womöglich nichts mehr. Das ist fatal, wenn man es so weit kommen lässt. Handhabe es nach dem Prinzip von „Wehret den Anfängen!" Dies ist nach wie vor der schnellste und gesündeste Weg.

Wie kannst du Ballast abwerfen

Da höre ich häufig „Kein Problem!" Das ist ein Schwachsinn, der nicht funktionieren wird. Ich meine ernsthaft, was könntest du sofort canceln? Genau da tun sich die meisten schwer, mit dem Thema loslassen. Möge es noch solch ein Blödsinn sein und einem das Leben schwer machen. Man hält lieber an den alten Strukturen fest. Das ist nicht klug, wenn du mit beiden Händen klammerst und nicht bereit bist loszulassen, wirst du keine Hand frei haben, um etwas Neues zu greifen. Das aktuelle Thema ist loslassen, spätestens bei unserem Ableben. Da dürfen wir endgültig loslassen. Du hast in dem vorausgegangenen Kapitel etliche Positionen aufgeschrieben, die dich am meisten belasten. Wenn du noch einmal darüber reflektierst und an die Eliminierung denkst, wie geht es dir da? Hast du ein gutes Gefühl oder verengt sich dein Herz? Schreibe zehn Punkte auf, die du abwerfen möchtest und wie. Bis wann willst du das erledigt haben?

Was willst du eliminieren?	Wie schaffst du es?	Bis wann?
1.) ____	____	____
2.) ____	____	____
3.) ____	____	____
4.) ____	____	____
5.) ____	____	____
6.) ____	____	____
7.) ____	____	____
8.) ____	____	____
9.) ____	____	____
10.) ____	____	____

Wie fühlst du dich? Vielleicht mit all den vielen Dingen ein wenig überfordert oder hast du noch weitere Punkte auf der Liste. Ich war nach dieser Ausarbeitung erschlagen und fühlte mich vor einem riesigen Berg, den ich letztlich nie besteigen kann. Es war gigantisch und schrecklich. Zum Glück bin ich in den Schweizer Bergen aufgewachsen und weiß, wie man diese besteigt, und zwar einen Schritt nach dem anderen. Dies über eine lange Zeit und dadurch schafft man sich langsam nach oben. Wenn man jedoch gleich von Anfang an das Ganze anschaut, ist es zu gigantisch und unüberwindbar. Man nennt das Prinzip von Stück für Stück auch die Salamitaktik. Wie isst du eine Salami? Bestimmt nicht an einem Stück, sondern Scheibe für Scheibe. Nun suchst du dir bitte aus den zehn Punkten, die für dich drei wichtigsten aus. Einmal mehr Festlegung und Reduzierung auf das Wesentliche.

Was willst du eliminieren? Wie schaffst du es? Bis wann?

1.) ____________________ ____________________ ________

2.) ____________________ ____________________ ________

3.) ____________________ ____________________ ________

Geht es dir gut oder bereitet es dir Kopfzerbrechen und -schmerzen? Ich hoffe nicht, denn das wäre schade. Wir wollen es nochmals auf eine einzige Geschichte reduzieren. Was möchtest du am allerliebsten unverzüglich canceln?

Was willst du eliminieren? Wie schaffst du es? Bis wann?

1.) ____________________ ____________________ ________

Jetzt haben wir es, du kannst dich nicht auf alles konzentrieren, denn dann erreichst du überhaupt nichts. Das Thema ist Konzentration auf das Wesentliche. Erledige eine Sache nach der anderen, das ist überschaubar. Dadurch kommst du wunderbar Stück für Stück weiter und eines Tages ist es die größte Selbstverständlichkeit, als ob es noch nie etwas anderes für dich gegeben hat.

Dein Fazit: ____

Ängste und Zweifel

Ich bin mir sicher, dass dich nach der ersten Begeisterung langsam, aber sicher Ängste und Zweifel beschleichen. Du unter einem gewissen Unwohlsein leidest. Denn teilweise sind es ja heftige

Veränderungen, die dir bevorstehen. Vor allem, wenn es um Menschen geht, die einem nahe stehen. Ich denke da nur an das Beispiel mit der berühmten Schwiegermutter. Es kam der Zeitpunkt, wo ich keine Lust mehr hatte, jeden Sonntag zum Besuch anzutraben, ich wollte nicht mehr. Immer das gleiche Spiel, Kaffee trinken, dummes Gerede, Witze und manchmal auch wegen Nichtigkeiten Streitereien und dadurch endlose Grundsatzdiskussionen.

Was war das für ein Drama, es hat hohe Wellen geschlagen. Viele Worte, dass man das nicht machen kann. Als ich mich hartnäckig zeigte, gab es böse Worte, weit unterhalb der Gürtellinie. Ich habe dann des lieben Friedens willen nachgegeben. Mit dem Ergebnis, dass es mir dabei nicht gut ging, ich mich quälte. Also hatte ich wieder einen Energieverlust erlitten und ich benötigte meine Energie und meine Gedanken doch für mein Business, mein Fort- und Weiterkommen.

Ich hatte meine Lebenspläne und –visionen, war davon beseelt, wollte es mir nicht mehr leisten, jeden Sonntag stumpfsinnig zu verplempern. Ich musste und wollte mich endlich für mein Vorwärtskommen entscheiden, zum Erfolg gelangen. Ich bin froh, ich hatte mein erstes Lehrstück hinter mich gebracht und viele weitere sind gefolgt. Dass ich dabei mit meinen Gefühlen Achterbahn gefahren bin, war das weniger schöne Nebenprodukt. Jedoch mit meiner großen Vision im Herzen, waren manche Stürme zu verkraften. Denn die lieben Mitmenschen finden es überhaupt nicht lustig, wenn wir anfangen uns zu verändern. Notiere gleich ehrlich deine Ängste und Zweifel. Bitte auch, was dir passieren könnte, wenn du es durchziehst. Man hatte mir damals sogar mit Scheidung gedroht. Unglaublich, wozu die Menschen imstande sind. Ich wundere mich immer wieder, wie anscheinend alle Mittel dazu herhalten dürfen, da scheint alles recht zu sein.

Nun denn, ich bin mittlerweile schon seit vielen Jahren sehr glücklich geschieden. Denn ein Partner, der nicht hinter einem steht, nicht bereit ist mit einem zu wachsen, sondern lieber stehen bleibt und dabei noch viele Schikanen einbaut, da muss man sich trennen, auch wenn es schwerfällt. Es ist wesentlich besser, wenn dem Spuk so schnell wie möglich ein Ende gesetzt wird. Das hat mit Liebe nichts zu tun, ist oftmals der pure Egoismus. Wahre und reine Liebe bedeutet, den anderen so zu lassen, wie er ist und ihn auf seinem Lebensweg zu fördern und fordern, für ihn da zu sein.

Die schlimmsten Befürchtungen?	**Was könnte dir passieren?**
1.) ____________	____________
2.) ____________	____________
3.) ____________	____________
4.) ____________	____________
5.) ____________	____________
6.) ____________	____________
7.) ____________	____________
8.) ____________	____________
9.) ____________	____________
10.) ____________	____________

Vielleicht bist du nun verängstigt und voller Zweifel, ob das alles richtig ist, was du vorhast. Das ist ein völlig normaler Zustand, welchen wir so aber nicht stehen lassen können. Wenn du wirklich vorankommen willst und zielstrebig deine Lebensvision umsetzen möchtest, kannst du nicht mehr so weiter leben wie bisher. Das ist ein Ding der Unmöglichkeit. Hier unterliegen die meisten einer großen Täuschung, machen jeden Tag das Gleiche und sind überrascht, dass die Ergebnisse immer die gleichen sind. Aber das ist eine völlig normale Ausgangsbasis.

Es kann nur das rauskommen, was du reingibst. Aussaat und Ernte gehören immer zusammen. Da nützt das beste Wünschen und Hoffen nichts. Du musst die Weichen stellen und danach geht es in die gewünschte Richtung. Ein Prozess, welcher dauert, deine Geduld erfordert und diese oftmals auf eine harte Probe stellt. Nun der nächste Schritt, was sind deine drei schlimmsten Befürchtungen? Wir können unmöglich diese zehn Punkte stehen lassen und uns darum kümmern, das schaffen wir nicht auf einmal. Dies ist der Punkt, wieso die meisten Leute nicht anfangen.

Die schlimmsten Befürchtungen?	**Was könnte dir passieren?**
1.) ______________________	______________________
2.) ______________________	______________________
3.) ______________________	______________________

Jetzt haben wir es schwarz auf weiß. Nur noch drei große Befürchtungen, ist das nicht wunderbar, dadurch wird es übersichtlicher. Ich hoffe, dass du die Aufgaben, die ich zwischendurch stelle, erledigst. Sonst gibt das Ganze keinen Sinn. Auch wenn du keine Lust haben solltest, das ist vollkommen normal. Halte dich dennoch daran, denn es hilft dir wesentlich schneller voranzukommen. Du hast zwei Möglichkeiten, das Rad neu zu erfinden oder du lernst vom Vollprofi. Du kennst doch das Prinzip von

„Der Kluge lernt von Erfolgreichen – nur der Narr macht alles allein!“

Nun folgt die allergrößte Befürchtung. Die meisten sagen mir bei Schulungen „Das ist aber gar nicht einfach, sogar sehr schwer!“ Na super, und wie schwer ist es erst, alt zu werden und festzustellen, dass das Leben vorbeigezogen ist und man doch noch unendlich viel erreichen und tun wollte? Ist das nicht schwieriger und weitaus schlimmer? Ich bin froh, die Kurve rechtzeitig bekommen zu haben. Denn auch ich tendierte einmal in die Richtung der großen Masse. Ich bin mir sicher, dass du das auch kennst.

Die schlimmste Befürchtung? **Was könnte dir passieren?**

1.) ______________________________ ___________________________

Was sind deine Gedanken, wie ist dein Empfinden? Ich hoffe du kannst in dir das Gefühl entdecken, dass es gar nicht so schwierig ist. Das wünsche ich dir von Herzen, dann hast du das Prinzip der Reduzierung verstanden. So machst du es bitte in Zukunft mit allen Dingen, die anstehen. Da werden aus riesigen Problemen kleine handliche, die zu bewältigen sind. Ich gehe davon aus, deine Ängste und Zweifel sind durch unsere Ausarbeitung weitaus weniger geworden.

Dein Fazit: ____

Wer kann dir helfen

Das ist eine legitime Frage, die du dir stellen solltest. Denn man kann nicht alles wissen und können, das ist aber nicht tragisch. Im Gegenteil, es ist ein Zeichen von Stärke. Wie viele Menschen eiern buchstäblich herum und kommen deswegen nicht voran. Leider wird vergessen, dass das Leben nicht unendlich ist. Das heißt, irgendwann ist es abgelaufen? Dann ist es vorbei, außer man glaubt an die Reinkarnation. Ich bin mir da aber nicht sicher. Was ist, wenn das nicht funktioniert, da habe ich womöglich ein zweites Mal Pech gehabt, das brauche ich nicht. Dazu habe ich keine Lust, folglich mache ich lieber eine Meisterleistung. Sollte ich nochmals zur Welt kommen, wunderbar und wenn nicht, kann ich zumindest sagen „Lieber Ernst, du hast hundertprozentig gelebt, alle Register gezogen. Ich bin sehr stolz auf dich." Das hört sich doch gut an.

Wer ist geeignet dir zu helfen

Darüber solltest du dir Gedanken machen, das darfst du niemals dem Zufall überlassen. Sonst hast du womöglich nur noch Zufälle, die übrig bleiben und das ist zu wenig, für solch einen wertvollen Menschen wie dich. Frage dich lieber, wer kann dir helfen? Wieso ist das so und welche Qualifikation haben die Menschen?

	Wer kann dir helfen?	**Wieso glaubst du das?**	**Qualifikationen?**
1.)	________________	____________________	________________
2.)	________________	____________________	________________
3.)	________________	____________________	________________

4.) ________________ ____________________ _______________

5.) ________________ ____________________ _______________

6.) ________________ ____________________ _______________

7.) ________________ ____________________ _______________

8.) ________________ ____________________ _______________

9.) ________________ ____________________ _______________

10.) ______________ ____________________ ______________

Jetzt hast du deine zehn Personen, wie fühlt sich das für dich an? Geht es dir gut dabei? Sind diese Leute wirklich inspirierend und lebensbejahend? Können sie dich mitreißen, wenn du mal hängen solltest? Sich jedoch von zehn Leuten coachen oder beraten zu lassen, ist nicht intelligent. Denn jeder hat seinen eigenen Stil und das sollte man lieber nicht miteinander vermischen. Deshalb reduzieren wir das Ganze auf drei Personen.

Wer kann dir helfen? Wieso glaubst du das? Qualifikationen?

1.) ________________ ____________________ _______________

2.) ________________ ____________________ _______________

3.) ________________ ____________________ _______________

Das ist mit drei Personen greifbarer. Wer davon ist dein Hauptfavorit, die Person, die dir am besten helfen kann? Entscheide spontan und sofort.

Wer kann dir helfen? Wieso glaubst du das? Qualifikationen?

1.) ________________ ____________________ ________________

Du hast deine Arbeit sehr gut gemacht. Eine Person ist übrig geblieben. Höre und fühle in dich hinein, ob es für dich hundertprozentig passt, es tatsächlich dieser Mensch ist. Wichtig ist aber, dass du sofort loslegst. Sonst kommst du in die Phase der Zweifel, das wäre schade. Zweifel hindern daran, voranzukommen.

Dein Fazit: ____

Ein professioneller Coach

Du hast dir aufgeschrieben, wer alles infrage kommt, dir zu helfen. Wobei sich die Frage stellt, ob deine Leute wirklich für den Bereich gut sind, bevor du endgültig ein Urteil fällen kannst. Lese die Abhandlung über den professionellen Coach durch und dann machst du dir nochmals deine Gedanken. Was ist ein professioneller Erfolgs-Coach, ist seine Aufgabe und was hilft es dir? Wichtige Fragen für deinen Erfolg.

Ist das vielleicht die bessere Wahl

In der Regel wird es sich erst im Nachhinein herauskristallisieren, was besser gewesen wäre. Deswegen stellt sich die Frage, was zu tun ist. Da wären wir bei dem Wörtchen „Wie!" Wie geht das? Wie mache ich es? Wie komme ich zum Erfolg? Und viele weitere „Wie-Fragen." Immer wenn du eine Entscheidung getroffen hast, bedeutet dies das Ende von einer Geschichte und der Start des Neuen, jedoch mit weitreichenden Konsequenzen. Ich persönlich habe mir angewöhnt, einen Vollprofi zu holen. Jemand der Tag für Tag mit großem Erfolg unterwegs ist und nicht schwachstrommäßig die Dinge tut. Sich, aber oft anmaßt für andere zu wissen, was gut ist und was nicht.

Oftmals keine leichte Geschichte. Laien am Werk, sehe ich jedoch immer als problematisch an. Sie haben nicht das Know-how, um zu fordern und zu fördern. Vielleicht keimt in dir der Gedanke auf, na klar der gute Ernst Crameri will natürlich sein Erfolgs-Coaching an die Frau oder den Mann bringen. Selbstverständlich bin ich Kaufmann, keine Frage. In diesem Fall bin ich aber als dein Mentor unterwegs und da gilt es alle Aspekte zu durchleuchten, damit du die für dich richtige Wahl treffen kannst. Ferner kommt hinzu, dass wir mit dem Erfolgs-Coaching sehr ausgelastet sind.

Deine Sorgen sind unbegründet. Lese es in Ruhe durch und komme für dich zu einer Entscheidung.

Es kostet Geld, du hast aber einen Vollprofi

Laien sind meistens kostenlos unterwegs. Ein guter Erfolgs-Coach kostet Geld, und dies sollte er dir auch wert sein. Wie heißt es treffend

„Von nichts kommt auch nichts!"

Das war schon immer so und wird so bleiben. Erfolgreiche Menschen handhaben es nach dem einfachen Prinzip „Ich kann es mir nicht leisten, die schlechtere Wahl zu treffen." Das ist bekanntlich im Nachhinein die teurere Variante. Lass dir das durch den Kopf gehen. Oft höre ich die Aussage „Ich kann mir das nicht leisten!" Das ist eine ungesunde Aussage, die man umwandeln sollte. Es muss heißen „Ich will mir das nicht leisten!" Dann stimmt es. „Ich habe dennoch kein Geld!" Wenn du kein Geld hättest, wärst du schon längstens verhungert. Die große Frage ist

„Kann ich es mir leisten – es mir nicht zu leisten?"

Dann haben wir auch die passende Antwort darauf. Diese kannst du dir nur selbst geben, kannst überprüfen, wie sinnvoll deine Aussagen sind. Wichtig ist, dass du zu dir ehrlich bist. Niemals mogeln oder dir etwas vormachen. Das ist das Schlimmste, was du dir antun kannst. Wenn du wie viele Leute zu wenig Geld hast, dann denke ich, wird es höchste Zeit, dass du einiges änderst. Was meinst du dazu? „Es wäre schön" höre ich oft darauf.

Was ist das für eine komische Aussage? Wäre schön! Da kann ich dir nur empfehlen, tue es einfach. Warte keine Minute länger, mache dich mit professioneller Hilfe auf den Weg, um zügig aus diesem Dilemma herauszukommen. Du lebst dadurch besser, ruhiger und gelassener. Es bedingt aber einer Entscheidung von dir. „Ja, ich bin bereit den Weg zu gehen, oder nein, ich lasse alles beim Alten!" Das sind klare Ansagen, mit denen man leben kann. Zu beachten ist dabei, aus der sogenannten Halbschwangerschaft herauszukommen. Die Aufgabe eines Erfolgs-Coaches ist es dir dahin gehend zu helfen, dass du zum Erfolg gelangst. Wer soll das besser wissen als ein erfolgreicher Coach?

Was zeichnet einen Top-Coach aus

Es gibt natürlich sogenannte Haie auf dem Markt, welche erkannt haben, dass man gutes Geld machen kann. Das zieht die verschiedensten Typen an. Hinzu kommt, dass überall Lehrgänge angeboten werden, wo man in wenigen Stunden zum Coach ausgebildet wird. Selbstverständlich gibt es auch ein paar längere Ausbildungen. Sogar Arbeitslose werden als Coach ausgebildet. Nichts gegen Arbeitslose, und dass diese wieder eine Arbeit finden mögen. Keine Frage, das ist letztlich auch Sinn der Sache. Nur was hast du davon, wenn du an einen Coach gerätst, der gerade frisch von der Ausbildung kommt? Was soll dieser dir beibringen und über welche Lebenserfahrung verfügt er?

Als Theoretiker mag er super sein, jedoch als Praktiker hat er keine Ahnung. Jetzt gibt es bestimmt einige, die darauf erwidern „Jeder beginnt doch einmal." Richtig, aber vielleicht nicht gerade bei dir. Fair wäre zu sagen „Hallo, ich würde sie gerne coachen, bin jedoch ein völliger Neuling, habe noch keine Berufserfahrung. Ich mache ihnen ein faires Angebot, ich coache sie umsonst, und wenn sich der Erfolg einstellt, bezahlen sie mich" das ist eine klare Ansage. Auf solche Vorschläge höre ich „Ich bin doch nicht blöd und schaffe umsonst." Da kann ich nur sagen, nein nicht blöd, sondern sehr blöd, keine Ahnung vom Business. Das Wichtigste ist für einen Anfänger, dass er schnell Fuß fasst und die ersten, positiven Ergebnisse erzielt. Dadurch kommt Dynamik auf. Alles andere ist im wahrsten Sinne ein „Rumkrebsen." Dies kann man sich schenken. Nun schauen wir uns einige Dinge an, die dein erfolgreicher Coach unbedingt vorweisen muss.

20 Jahre mit großem Erfolg auf dem Markt

Wie bereits erwähnt, nützt es nichts, mit jemandem zu starten, der keine Ahnung hat. Denn was die Menschen von der Theorie her wissen, ist zur Praxis ein himmelweiter Unterschied. Manche lassen sich durch Hochglanzprospekte oder Homepages blenden, was zählt, ist die Leistung. Alles andere ist schmückendes Beiwerk. Überprüfe den Erfolg deines eventuellen Coaches. Eine simple Methode ist bei den Suchmaschinen und vor allem bei Google den Namen des Betreffenden einzugeben. Wenn du mich suchen würdest, gib „Ernst Crameri" ein und ruckzuck wird dir eine Palette an Ergebnissen gezeigt. Dadurch hast du sofort einen Überblick, ob ich im Netz meine Spuren hinterlassen habe. Wenn jemand nichts zu sagen hat und du ihn nicht findest, kann ich dir nahelegen, vergiss es und suche dir einen anderen.

Artikel schreiben

Jemand der erfolgreich unterwegs ist, hat etwas zu sagen und dies teilt er seiner Umwelt mit. Er schreibt Artikel, die mit Erfolg veröffentlicht werden. Vielleicht denkst du nun, aus welchem Grund das wichtig ist? Weil erfolgreiche Menschen, die viel bewegt haben und in diesem Beruf unterwegs sind, gerne ihr Wissen und Können weitergeben. Ihre Denk- und Arbeitsweise, ihre speziellen Methoden, die sie anwenden, um zum Erfolg zu gelangen. Wie heißt es in der Bibel passend „An ihren Taten sollst du sie erkennen!" Ist das nicht wundervoll? Ich finde es klasse, denn genau um das geht es. Große Worte kann jeder machen.

Einen eigenen Blog oder einen Podcast führen

Viele wehren sich dagegen und behaupten, das wäre unseriös. Die Wahrheit ist, die haben keine Lust sich die Arbeit zu machen. Es ist doch eine Selbstverständlichkeit, dass man dem Leben und damit der Menschheit kostenlos etwas gibt. Das ist nichts Pathetisches, sondern selbstverständlich. Wenn alle Menschen solch eine Denke hätten, würde es uns weitaus besser gehen. Vor dem

Nehmen, steht nach wie vor das Geben. Nur das haben die meisten vergessen. Fast alle sind vom Stamm der Nehmer.

Immer die Frage, was kann mir der andere geben? Das zieht sich von der Familie bis zum Staat hin durch, wie ein roter Faden. Eine weitere Ausrede ist „Ich habe keine Zeit!“ Wenn ein Coach das behauptet, solltest du dich in acht nehmen. Denn das ist eine weitere und sogar unverschämte Lüge. Keine Zeit zu haben, stimmt auf keinen Fall. Jeder Mensch erhält eine Sekunde nach Mitternacht, neue 24 Stunden geschenkt. Es ist wie immer eine Frage der Zeiteinteilung und was man daraus macht. Eine weitere Aussage, die ich des Öfteren gehört habe „Ich weiß nicht, wie es geht!“ Na bravo, als Coach unterwegs, anderen zeigen wollen, wie es geht, man sein Leben in Griff bekommt, zum Erfolg gelangt und dann solch eine Antwort.

Bücher schreiben

Es ist ein absolutes Muss! Wenn ich diese Aussage treffe, höre ich meistens „Wieso soll ich ein Buch schreiben, es gibt doch genug auf dem Markt.“ Na bravo, welch ein Schwachsinn. Von solchen Leuten soll man gecoacht werden? Die nächste Aussage „Ich bin gerade dabei!“ Alles klar, da stelle bitte sofort die Frage „Wie viele Jahre schon?“ Da wird meistens perplex geschaut und viele fangen an herumzueiern, folglich ist es nicht weit her. Weil du bestimmt etwas perfide bist, frage weiter „Wie ist denn der Titel des Buches? Wovon handelt es? Wie viele Seiten wird das Buch haben? Was kostet das Werk? In welchem Verlag erscheint es?“ Da wirst du rasch merken, dass nichts übrigbleibt, es ein wenig Blabla war.

Du kannst auch im Internet checken, ob jemand Bücher geschrieben hat. Wenn nein, würde ich mich nie von ihm coachen lassen. Richtig gute Leute bringen ihr Werk zu Papier, haben etwas zu sagen und bieten das den Menschen zum Lesen an. Eine weitere

Ausrede „Ich werde sicherlich nicht meine Methode veröffentlichen!“ Lächerlich, mehr als lächerlich. Dann frage sofort nach, was ist diese Methode. Woher stammt sie usw.! Bleibe cool und gehe keine Kompromisse ein. Das kann ich dir nur ans Herz legen. Letztlich machst du sowieso, was du willst. Aber bedenke, es geht schlussendlich um dein Geld.

Vorträge halten

Wer gut ist, sehr gut sogar, trägt sein Wissen nach außen, lässt andere Menschen daran teilhaben. Hier höre ich dann „Ach wissen sie, ich bin kein guter Redner!“ Oder „Ich rede nicht gerne vor einer Gruppe“ da ist Vorsicht geboten. Es gibt wie bei den anderen bereits angeführten Punkten, ein sogenanntes Pflichtprogramm und das sind Dinge, die schlicht und einfach mit dazu gehören. Es ist keine Frage von Lust oder Unlust. Für dich geht es hundertprozentig um deinen Erfolg und deine Zukunft. Da sollte das Beste, gerade gut genug sein.

Ausbildungen und Lehrgänge abhalten

Als Coach muss ich im Training und imstande sein, Menschen zu begeistern und zu führen. Genauso muss ich fähig sein, neue Erkenntnisse zu vermitteln. Ich erlebe das oft, wenn bei Ausbildungen rumgeeiert wird. Unsicherheit pur rüberkommt, ja was soll denn das? Gähnende Langeweile, nichts Mitreißendes, fatal, wenn solche Leute coachen. Wenn du das magst, ist es wunderbar. Wenn nicht, lass lieber die Hände davon, es bringt dich nicht weiter. Du brauchst Macher an deiner Seite und keine Schlaftüten. Vielleicht ist jetzt der ein oder andere pikiert, es ist nicht schlimm, wenn du dich direkt angesprochen fühlst. Darin liegt die Chance, einer Veränderung.

Lebensstil

Auch kannst du dir den Lebensstil anschauen. Wie ist der Coach, was steht im Lebensmittelpunkt? Interessante Aspekte tun sich da auf. Aus diesem Grunde kann ich dir empfehlen, rede ein wenig mit dem Coach, den du für dich ausgesucht hast. Interviewe ihn und achte auf negative Aussagen und Minimalismus. Ein Coach, welcher mit einer negativen Lebenseinstellung unterwegs ist, wie soll der dich positiv, lebensbejahend fordern und fördern? Das ist ein Ding der Unmöglichkeit. Genauso solltest du es auch bei den Spezies tun, die du eventuell an der Stelle eines professionellen Coaches engagieren möchtest. Lasse diese Personen durch den Filter laufen. Was denkst du, was da noch übrigbleibt?

Auto

Begutachte das Vehikel, mit welchem sich dein Coach bewegt. Einige werden sagen, das spielt überhaupt keine Rolle, da bin ich anderer Meinung. Gott sei Dank leben wir in einem Land, wo Meinungen frei sind. Du kannst dir deine eigene Meinung bilden und danach handeln. Dazu gibt es das passende Bibelzitat

„Jedem geschehe nach seinem Glauben"

Wundervoll und absolut frei im Denken und Handeln. Das Leben ist ein Traum, wenn man es entsprechend lebt. Wenn nicht, kann es schnell zur Qual werden. Nun denn, was für ein Auto fährt dein eventuell zukünftiger Coach? Lasse dich nicht damit abspeisen, dass er bewusst einen kleineren Wagen fährt. Die Begründung „Was könnten die Mandanten sonst denken!" Lächerlich, denn wenn du richtig erfolgreich bist, interessiert es dich nicht, was die anderen denken und was nicht. Denn Gedanken sind frei und hoffentlich bleiben diese das auch in Zukunft.

Eigene Firma haben

Das ganze Prinzip auf Versuchung und Irrtum aufzubauen, geht schnell ins Auge. Auf solch ein Spiel würde ich mich niemals einlassen. Deshalb frage ruhig den Coach, wie viele Mitarbeiter er hat. Darauf kommt oft „Ach wissen sie, ich mache alles allein. Das ist besser, da habe ich meine Ruhe!" Bingo, Volltreffer, damit zeigt er, dass er überhaupt keine Ahnung hat. Denn als Unternehmer allein zu arbeiten, ist zu gefährlich. Stell dir vor, du wirst krank oder hast einen Unfall. Was ist dann? Tja, dann hast du einen 100%-igen Ausfall. „Kein Problem, ich bin ja versichert!" Was für ein Schwachsinn, so hoch kannst du gar nicht versichert sein. Denn um so viel Geld zu bekommen, wie du benötigst, müsstest du dich dermaßen hoch versichern, dass die Versicherung ins unermessliche laufen würde. Wenn dann jemand sagt, er hat eine Halbtagskraft, ist das auch lächerlich. Erfolgreiche haben mehrere Mitarbeiter beschäftigt und alle sind sehr taff unterwegs.

Hat dein Favorit all diese Eigenschaften

Jetzt hast du gelesen, was einen guten Coach ausmacht. Wenn du all diese Parameter auf deine Berater ummünzt, was glaubst du, bleibt da überhaupt noch einer übrig? Gibt es einen, der all das erfüllt, mit dem du klarkommst, der erfolgreich unterwegs ist? Dir helfen kann und dich fordert und fördert? Sei bitte ehrlich zu dir selbst. Oder sind es mehr die Kosten, die dich scheuen, das ist häufig der Fall. Bedenke dabei stets

„Geiz ist nicht geil, sondern frisst Hirn!"

Vielleicht bist du auch nur zu bequem, dich endlich auf den Weg zu machen. Die Entscheidung obliegt dir. Du hast die freie Auswahl, kannst jederzeit bejahend dem Erfolg entgegen gehen oder dich weit von ihm entfernen. Vergiss nie, es geht nur um dein Leben. Da du jedoch an deinem großen Lebenswerk arbeitest und das zeitlebens noch zum Erfolg führen willst, solltest du nicht groß rumschnarcheln.

Was ist der Unterschied zwischen Coach und Erfolgscoach

Das ist ein gigantischer Unterschied. Letztlich ist Coaching immer ein Fordern und Fördern, um die bestmöglichen Fähigkeiten und Eigenschaften, die in jedem Menschen innewohnen herauszufiltern und diese umzusetzen. Ein Erfolgs-Coach ist weitaus mehr als ein normaler Coach. Hier geht es viel zügiger, offener deinem Erfolg entgegen. Es geht ausschließlich um deinen Erfolg und dann nochmals um deinen großen Erfolg.

„Wahrheit und Klarheit“

ist dabei das oberste Prinzip. Ohne mit der Wimper zu zucken oder lange herum zu trödeln. Wissend, dass unser Leben hier auf Erden zeitlich limitiert ist. So heißt es klipp und klar, es gilt keine Zeit zu verlieren. Erfolgs-Coaching in einem sehr schnellen Tempo ist angesagt.

Kostenlose Probelektion

Auch das muss zu einer absoluten Selbstverständlichkeit gehören, dass du eine kostenlose Probelektion von ihm erhältst. Schließlich musst du wissen, wie dein zukünftiger Coach denkt, arbeitet, ob du mit der Art und Weise klarkommst und er dir sympathisch ist. Die Chemie muss absolut stimmig sein und du musst dich wohlfühlen. Nur dann ist der Effekt des Erfolgs gegeben. Denn Coaching heißt hundertprozentig offen und ehrlich sein. Es auf den Punkt zu bringen und deine gesamten Blockaden, Schwächen und Stärken, welche du hast umzusetzen. Wer nicht für eine kostenlose Probelektion bereit ist, vergiss es. Ich erkläre dir gerne, wie wir das Handhaben.

Wenn dein Interesse geweckt ist, schicke bitte mit dem Stichwort „Erfolgs-Coaching“ eine E-Mail an crameri@crameri.de! Schreibe dein Anliegen und wieso du von uns gecoacht werden möchtest, was du davon erwartest. Wir erhalten täglich zig solcher Mails. Diese werden überprüft und du bekommst innerhalb von 5 Tagen eine Antwort, ob wir dich coachen können oder nicht. Wenn ja, machen wir ein 10-minütiges Telefoncoaching.

Danach erhältst du, wenn wir eine Chance und deinen Erfolg sehen, die Einladung zu einem halben Coaching-Tag, welcher kostenlos ist. Das ist ein Geschenk von uns an dich. Habe bitte dafür Verständnis, dass wir ohne Angabe von Gründen das Coaching ablehnen können. Genauso wie du das jederzeit auch tun kannst. Wir coachen ausschließlich dann, wenn aus unserer Sicht Erfolgschancen bestehen und die Chemie für uns stimmig ist. Ich weiß, dass es viele anders machen und jeden für Geld coachen. Sinn des Coachings ist es jedoch, dass wir Spaß und Freude beim gemeinsamen Werk haben und sich der Erfolg als Krönung einstellt.

Was soll ich jetzt tun

Vielleicht stellt sich für dich diese Frage. Davon gehe ich aus, denn wenn man viel liest, wirft es neue Fragen auf, wie man am besten vorgeht. Meine Erfahrung und die von vielen anderen Erfolgreichen ist, nicht zu warten, sondern ins Handeln zu kommen. Vollgas zu geben und buchstäblich das Eisen zu schmieden, solange das Feuer brennt und das Eisen heiß ist. Je länger du wartest, desto mehr Zweifel steigen auf. Dazu gesellt sich die Angst und dann haben wir ein großartiges Gemisch. Wenn es dir ernst ist, du dein Lebenswerk umsetzen willst, hole dir kompetente Hilfe.

Denn es geht um Wahrheit und Klarheit und das hat sich klar herauskristallisiert, dass dies unter Ehepartnern oder überhaupt innerhalb der Familie ungesund ist. Denn die Schmerzschwelle ist wesentlich geringer, man lässt sich ungerne etwas sagen. Die Empfindlichkeit ist um einiges höher und das gibt unnötig böses Blut. Genau das, was es zu vermeiden gilt. Hinzu kommt, dass man den anderen sehr gut kennt, auch im intimsten Bereich. So ist es auch mit Freunden und Bekannten. Egal wie du dich entscheidest, komme zu einer schnellen Entscheidung und stehe dazu.

Wenn die Angriffe kommen

Über eines musst du dir im Klaren sein, die Angriffe werden kommen. Leider ist unsere Welt mit sogenannten Dummschwätzern und Besserwissern bestückt. Die Leute machen sich einen Sport daraus, den anderen dumm anzumachen. Ein Spiel, welches man auch in der Familie spielt. Der berühmte Sarkasmus des Vaters, die Überängstlichkeit der Mutter, das Gespött der Geschwister. Dadurch erhalten wir eine tolle Mischung. Selbst der eigene Partner ist oft mit seinen Äußerungen nicht zimperlich. Hinzu kommt noch dessen Familie, welche mitmischt. Nach dem Motto „Gemeinsam sind wir stark!" Alles Blödsinn, denn woher wollen diese Leute wissen, wie es richtig ist. Haben sie schon etwas auf die Beine gestellt? Tja, außer einem großen Fragezeichen, bleibt oft nicht viel übrig und das ist schade.

Du bist verrückt

Schnell ist man mit solch netten Aussagen bei der Hand. Wenn du jemals in diesen Bereich der Komplimente hineingerätst, kannst du dir dazu gratulieren. Dann hast du es wahrlich gepackt, liegst hundertprozentig richtig und hast bereits einiges in deinem Sein geändert. Genau das ist deine Aufgabe. Wenn du das hörst, hast du die freie Auswahl, ob du solch eine Aussage als Kompliment ansehen möchtest, oder als Angriff und Frechheit.

Wenn du ein positiv aufgestellter Mensch bist, welcher mit beiden Füßen im Leben steht und weiß, was er will, ist es ein wunderbares Kompliment. Wenn nicht, fühlst du dich angegriffen und gekränkt. Also, du siehst einmal mehr, du hast die Wahl. Der Satz an sich ist völlig neutral. Erst wie du ihn interpretierst, gibt ihm die Kraft. Folglich bleibe immer cool und souverän. Denn wer sich außerhalb der Souveränität lebt, steht auf wackligen Füßen. Er wird leicht zum Spielball des Umfeldes. Das ist schade, wenn man sich nicht besser unter Kontrolle hat. Passe gut auf dich auf, dass du nicht abrutschst, das wäre traurig und fatal.

Lass dich nicht beirren

Wer ist denn auf dem sogenannten Beirrungspfad? Doch nur die Irren! Möchtest du dich zu denen zählen? Ich glaube besser nicht, bleibe lieber bei dir und lass die anderen ihr Kasperletheater vorführen. Das hat nichts mit dir zu tun, sofern du es eben nicht zulässt. In dem Moment, wo du genau weißt, was du willst, kann dich keiner von diesem Pfad weglotsen. Die anderen können sich auf den Kopf stellen, es berührt dich nicht im Geringsten. Wie sagt der Volksmund

„Wer auf andere hört, ist verloren!"

Über eines musst du dir im Klaren sein, die anderen geben dich ungerne her. Man kann mit dir umgehen, kennt deine Stärken und Schwächen, weiß das alles für sich zu nutzen. In dem Moment, wo du dir deiner selbst bewusst wirst, bist du nicht mehr kalkulier- und formbar. Man hat dich nicht mehr in der Hand und kann über dich bestimmen.

Also wird man alle Mittel einsetzen, um dich wieder auf den Pfad der Tugend zurückzuholen. Dich mit Argusaugen beobachten und darauf warten, dass du eine Schwäche zeigst, um sich unverzüglich über dich herzustürzen. Altbekannte Sprüche wie „Ich habe es dir gleich gesagt! Wer nicht hören will, muss fühlen" und viele weitere dumme Aussagen seien dir gewiss. Genau diesen Gefallen darfst du den Herrschaften niemals zuteil werden lassen, musst alles daransetzen, dass es nie soweit kommen wird. Du bist ein Sieger und Gewinner, welcher sich auf solche Spiele nicht einlässt. Du weißt, dass es Höhen und Tiefen gibt. Diese gehören zusammen und damit kannst du supergut umgehen.

Bleibe eisern

Das ist ein wichtiger Grundsatz, bleibe eisern und verrücke dich nicht mehr. Wenn du wieder anfängst, Kompromisse einzugehen, hast du im Vorfeld verloren. Genau das solltest du dir schenken. Kompromisse sind die schlechtere Wahl und du kommst erneut von deiner Lebensvision weg. Das darfst du niemals zulassen. Wehre dich dagegen, auch wenn du dich bei dem einen oder anderen unbeliebt machst. Das ist nicht tragisch, die Leute werden sich wieder einrenken und wenn nicht? Viel schlimmer wäre es doch, wenn du dein Lebenswerk nicht anpackst und zur Vollendung bringst. Und ob jetzt der eine oder andere nicht gut mit dir umgeht, weil du so komisch geworden bist, sollen diese halt ihre Beleidigten-Nummer spielen.

Sollte man dir drohen, wird es höchste Zeit, das Spiel zu beenden, denn das ist keine gute Ausgangsbasis. Da ist jemand, der sich anfängt zu verändern, mehr aus seinem Leben macht und auf der anderen Seite sind die Blockierer. Ich vergleiche das gerne mit einem Zug. Du bist die Lokomotive, gibst Gas, magst vorankommen. Du hast jedoch etliche Waggons angehängt. Du nimmst Fahrt auf und bei einem deiner Waggons dreht einer die Bremse langsam zu. Weißt du, was dadurch passiert, dein Zug wird langsamer. Da gibt es für dich in letzter Konsequenz nur eine Möglichkeit, du mahnst die Leute an, es zu lassen und wenn nicht, hängst du sie kurzerhand ab. Ich weiß, was du nun denkst, dass es nicht leicht ist. Ja, es ist nicht leicht, es wird dir wehtun. Du wirst es aber verkraften, denn auf der anderen Seite, wartet auf dich Freiheit, Spaß und Lebensfreude. Du hast es nicht nötig, dass man dich blockiert. Von wahrer Liebe ist in dem Moment nicht zu sprechen. In erster Linie geht es um Besitztum und Machtausübung, unterschätze nie diesen Faktor.

Habe deine Lebensvision vor Augen

Weißt du noch? Komme, was da wolle. Das ist deine Ausgangsbasis, du lässt dich von nichts, aber gar nichts aus der Ruhe bringen. Nicht jetzt und nicht später, du stehst mit beiden Füßen auf dem Boden und weißt, was du willst. Das ist eine traumhafte Ausgangsbasis. Dadurch kommst du in den berühmten Flow hinein, wo dir die Dinge ohne große Anstrengung von der Hand gehen. Wenn du morgens aufstehst, ist dein erster Gedanke sofort deine Lebensvision, dein Lebenswerk. Wenn du abends ins Bett gehst, ist dies der letzte Gedanke. Den ganzen Tag über arbeitest du intensiv daran. Du bist bis in die letzte Zelle deines Körpers von dem Gedanken, dieses große Werk zu schaffen und umzusetzen, beseelt. Du wirst es erleben, ein wunderschöner Traum tut sich dir auf. Er trägt dich und du erlebst ein Glücksgefühl sondergleichen.

Das Leben ist positiv

Das Leben ist grandios, vorausgesetzt wir wissen es zu nutzen und machen daraus eine Meisterleistung. Wenn nicht, schaffen wir uns selbst die sogenannte Hölle auf Erden. Das ist kein schöner Aspekt und vor allem unbefriedigend. Genau da musst du auf dich aufpassen. Leider geht ein Großteil der Menschen sehr negativ durchs Leben. Jammern, Klagen, ist die Lieblingsbeschäftigung und zum großen Volkssport geworden. Man überbietet und schlägt sich förmlich darin, das ist keine gesunde Entwicklung. Wenn man jammert und klagt, blockiert das dermaßen den eigenen Körper. Leider fehlt hier völlig die Dankbarkeit, morgens gesund aufstehen zu können. Für die meisten ist dies eine absolute Selbstverständlichkeit, aber das ist es bei Weitem nicht. Hüte dich vor solchen Menschen, denn sie tun dir nicht gut. Auch wenn du behauptest, wie übrigens viele, das würde dich nicht belasten und geht zu einem Ohr rein und zum anderen raus. Da möchte ich dich darauf hinweisen, dass sich zwischen den Ohren noch etwas anderes befindet, dein Gehirn, da bleibt es hängen und färbt ab.

Suche dein Positives

Ich bin geschockt über wie viele Dinge, die Menschheit sich zu beklagen hat. Dabei geht es uns in unseren Breitengraden richtig gut. Ein Großteil der Menschheit würde gerne mit uns tauschen. Frage ist aber, worauf man seinen Fokus lenkt. Wie ist man eigentlich unterwegs? Positiv denkend oder negativ. Da höre ich oft den blöden Spruch „Wissen sie, ich bin eigentlich ein positiver Mensch, aber die anderen. Was soll ich denn machen, ich bin gut drauf und dann kommen die ganzen Negativis!" Na super, was macht man da? Ich habe mich von diesen Menschen verabschiedet. Dann gibt es auch welche innerhalb der Familie, die davon stark angehaucht sind. Da schütze ich mich, in dem ich manche Dinge nicht mehr tue. Bei relativ fremden Menschen ist es leichter den Kontakt abzubrechen als bei der eigenen Familie. Wichtig ist für dich, dass du diese Leute studierst. Menschen haben alle eines gemeinsam, bestimmte Verhaltensmuster, die permanent ablaufen. In dem Moment, wo du dich damit beschäftigst, weißt du auch genau, wie diese ablaufen, dadurch kannst du dich dem entziehen.

Mit der Familie zu brechen, finde ich nicht in Ordnung. Damit zu leben, ist ein schwieriger Faktor. Das ist meine Meinung, aber du machst es so, dass es für dich passt. Bei allem, was du tust, beachte, dass du nie in die Falle läufst „von hätte ich doch nur." Das behindert dich auf deinem neuen Lebensweg. Jetzt schreibe alle positiven Dinge in deinem Leben auf und wieso das so ist.

Was ist positiv in deinem Leben?	**Wieso ist das so?**
1.) ______________________	______________
2.) ______________________	______________
3.) ______________________	______________
4.) ______________________	______________
5.) ______________________	______________
6.) ______________________	______________
7.) ______________________	______________
8.) ______________________	______________
9.) ______________________	______________

10.) ________________________________ __________________

Was denkst du jetzt? Wie geht es dir, ist dein Leben tatsächlich so schrecklich? Bestimmt nicht, wenn du diese Punkte anschaust, merkst du sicherlich, wie gut es dir geht, und dass du alle Fähigkeiten dieser Erde in dir vereint hast. Ist das nicht traumhaft? Genau in diesem großartigen Bewusstsein schreitest du ab sofort durch die Welt. Tief in dir die Dankbarkeit für alles. Einige Personen fragen mich dann „Wieso soll ich dankbar sein, das habe ich mir doch alles erschaffen?"

Dankbarkeit schafft Zufriedenheit, deswegen. Darin liegt der Frieden, die Souveränität, was wir benötigen, um erfolgreich durchs Leben zu schreiten. Aus diesem Gefühl heraus kann ich mehr bewegen, es gibt mir die unendliche Urkraft des Lebens, über die ich völlig frei verfügen kann. Das sind die entscheidenden Dinge, die ich brauche, um eine Meisterleistung hinzulegen, wie das eigene Lebenswerk. Nachfolgend kristallisiere die für dich drei wichtigsten Punkte heraus.

Was ist positiv in deinem Leben?	**Wieso ist das so?**
1.) ________________________________	__________________
2.) ________________________________	__________________
3.) ________________________________	__________________

Wie fühlt sich das für dich an? Wie empfindest du? Spürst du in dir ein großes Glücksgefühl und eine Dankbarkeit? Oder merkst du nichts? Dies wäre ein unschöner Aspekt, da gilt es unbedingt sofortige Abhilfe zu schaffen. Das ist dann der Fall, wenn die Leute sagen „Ich kann mich an nichts mehr erfreuen!" Das ist der Anfang und je öfters dies wiederholt wird, je länger es anhält, irgendwann wird es zur Gewissheit. Es hat sich manifestiert und ist zu einem festen Bestandteil des Lebens geworden, das ist traurig. Von dort dann gänzlich in die negative Welt abzurutschen, ist nur ein kleiner Schritt.

Wenn noch die sogenannten Stimmungsaufheller dazu kommen, um es einigermaßen erträglich zu machen, fängt die Negativ-Spirale sich immer schneller an zu drehen. Aus dieser ist dann fast kein Entrinnen mehr möglich. Achte auf dich und lass all deine Tausende von Gedanken, die du täglich hegst, nie, aber auch gar nie so weit kommen. Folglich passe bitte gut auf dich auf. Eine oft gestellte Frage „Wie komme ich da wieder heraus?" Es gibt verschiedene Möglichkeiten.

Angefangen mit Gesprächstherapien bis hin zu Medikamenten. Das musst du für dich entscheiden, welchen Weg du gehen möchtest. Solange du noch kannst, gehe den Weg, den wir hier im Buch beschreiben. Suche dir deine Lebensaufgabe und klemme dich dahinter. Je mehr du dafür tust, desto stärker kommst du aus dem Sumpf heraus. Ich kenne das aus eigener Erfahrung. Wie heißt es „Genie und Wahnsinn liegen eng beieinander!"

Nun musst du für dich überprüfen, in welcher Form du mit dir tagtäglich kommunizierst. Auf einem hohen Niveau oder negativ? Welche Gedanken hegst du den lieben langen Tag? Denn nicht denken, geht nicht. Hast du es schon einmal probiert, nicht zu denken? Genauso ist es auch mit der eigenen Kommunikation. Du stehst im ständigen Dialog mit dir selbst. Frage ist, auf welchem Niveau es stattfindet. Jetzt schreibe für dich das Positivste auf.

Was ist positiv in deinem Leben?	**Wieso ist das so?**
1.) ______________________________	____________________

Was denkst du über das Ganze? Abschließend arbeite an dir, Tag für Tag, Woche für Woche, Jahr für Jahr. Denke stets daran

„Wer glaubt, dass er fertig ist - ist in der Tat fertig!"

Das ist eine altbekannte Tatsache und es geht zügig, dass man sich darin wiederfindet. Fertig zu sein ist schade und traurig.

Dein Fazit: ____

Suche dein Negatives

Du hast dich intensiv mit dem Positiven beschäftigt. Es gibt aber noch eine andere Welt und die ist genauso deine. So geht es allen Menschen, da wo viel Licht ist - ist auch viel Schatten. Das ist nun einmal so und lässt sich nicht ändern. Frage ist nur, wie geht der Einzelne damit um, welche Seite gewinnt die überhand? Die Kräfte der Unterschiede stehen im ständigen Kampf zueinander. Frage ist, was lässt du zu? Darauf erwidern die meisten, ich würde ja gerne, aber was soll ich machen? Das Vakuum, welches daraus in der Wiederholung entsteht, füllen und es nicht soweit kommen lassen. Jetzt lass uns mit deinem Negativsten beschäftigen.

Sicherlich wunderst du dich, was diese Fragerei in diesem Buch soll? Ganz simpel, dass du dich hundertprozentig kennst. Das ist wichtig, dass du genau weißt, wie du tickst. Du musst deine Abläufe kennen und kannst nicht mit Gewalt dein gesamtes System ignorieren. Wenn du das tust, hast du bereits im Vorfeld verloren. Du kannst nicht gegen dich arbeiten, deine Aufgabe ist mit dir zu arbeiten. Hand in Hand mit deinem Inneren, geht es von einem Erfolg zum nächsten. Schreibe jetzt alles auf, was dir in deinem Leben Negatives einfällt.

Was ist das Negativste in deinem Leben? Wieso ist das so?

1.) ______________________________ ________________

2.) ______________________________ __________________

3.) ______________________________ __________________

4.) ______________________________ __________________

5.) ______________________________ __________________

6.) ______________________________ __________________

7.) ______________________________ __________________

8.) ______________________________ __________________

9.) ______________________________ __________________

10.) _____________________________ __________________

Was denkst du? Bist du erschrocken, dass es so viel ist? Oder ist es eher wenig? Als ich es das erste Mal gemacht habe, war ich erstaunt. Ich dachte mir, dass ich ein schreckliches und furchtbares Leben lebe, und war überrascht, als ich es niedergeschrieben und gelesen habe, dass dem gar nicht so ist. Ich stellte fest, dass fast alles hausgemachter Kleinkinderkram war, es für mich überhaupt keinen Grund gab, derart missmutig durchs Leben zu gehen. Ich mir mit solch einer fiesen Lebenseinstellung am meisten schadete. Könnte sein, dass es dir ebenso ergeht, kann jedoch sein, dass es bei dir weitaus schlimmer ist. Jetzt schreibe bitte die drei schlimmsten Aspekte auf.

Was ist das Negativste in deinem Leben? Wieso ist das so?

1.) ______________________________ __________________

2.) ________________________________ __________________

3.) ________________________________ __________________

Wie ist das für dich? Was denkst du? Wie fühlt sich das für dich an? Bitte hinterfrage dich in Zukunft bei allem, was du tust, wie sich das anfühlt und wie es dir geht. Achte immer auf deine Befindlichkeit, als sogenannten Radar, das dich leitet und führt. Dabei natürlich stets das große Ziel vor Augen haltend. Was ist für dich das Schlimmste?

Was ist das Negativste in deinem Leben? Wieso ist das so?

1.) ________________________________ __________________

Ist es wirklich so grausam und schrecklich, oder machst du nur ein Drama daraus? Du hast es in deiner Hand, was du daraus machst, kannst immer in die Veränderung gehen. Du bist weit gekommen, womöglich hast du dich das erste Mal intensiv mit dir auseinandergesetzt, viele deiner Aspekte kennengelernt. Jetzt geht es einen Schritt weiter, was machst du daraus? Was hast du für dich gelernt? Wie geht dein Leben weiter?

Dein Fazit: ____

Was wirst du ändern

Was und wieso wirst du es ändern? Wenn du nicht in die Veränderung gehst, wird alles beim Alten bleiben. Wir wissen bereits, wie sich das anfühlt. Es gibt im Leben eines Menschen nichts Konstanteres als die permanente Veränderung. Frage ist nur, ob du diese einleitest oder ob sie von außen kommt. Ist Letzteres der Fall, kannst du nur darauf reagieren und das ist die schwächere Ausgangsposition.

Wenn du die Veränderung einleitest, bist du Herr über das Geschehen und hast es in deiner Hand. Agieren ist immer die bessere Wahl, komme zu einer Entscheidung. Dein Leben ist zu wertvoll, als es zum Spielball werden zu lassen, wo jeder darauf herumtritt. Schreibe auf, was du alles änderst, wieso und bis wann? Du weißt, ohne eine klare Entscheidung tut sich nichts. Da gilt es auch stets den zeitlichen Rahmen zu beachten.

Was änderst du?	Wieso änderst du es?	Bis wann?
1.) ________________	______________________	____________
2.) ________________	______________________	____________
3.) ________________	______________________	____________
4.) ________________	______________________	____________
5.) ________________	______________________	____________
6.) ________________	______________________	____________
7.) ________________	______________________	____________
8.) ________________	______________________	____________
9.) ________________	______________________	____________
10.) _______________	______________________	____________

Bist du von deinem Werk begeistert? Oder wird es dir schwindlig bei den zu bewältigenden Aufgaben, die noch anstehen? Egal, du hast bereits den ersten Schritt getan und das ist unendlich wertvoll, nun folgen die weiteren. Ich gehe davon aus, dass du auch hingeschrieben hast, bis wann du es änderst. Das ist das Problem von den meisten Menschen, fast alle möchten etwas in ihrem Leben verändern. Vergessen aber klar zu konkretisieren, was es genau ist und bis wann sie anfangen.

Aber wenn du nie beginnst, alles auf später verschiebst, passiert nichts. Das ist ein uraltes Spiel. Es gibt gewisse Spielregeln, wenn man diese einhält, läuft die Geschichte, kommt eine gewisse Dynamik ins Spiel. Auch da kommt die sogenannte „Salamitaktik" zum Tragen. Wir werden nicht alles auf einmal und sofort lösen können, das funktioniert nicht, sondern scheibchenweise, Stück für Stück. Dazu ist es aber erforderlich, dass wir herauskristallisieren, was deine drei schlimmsten Aspekte sind.

Was änderst du?	**Wieso änderst du es?**	**Bis wann?**
1.) ________________	______________________	____________
2.) ________________	______________________	____________
3.) ________________	______________________	____________

Merkst du, dass es bereits weniger ist, es wird übersichtlicher. Das ist häufig das Problem, dass man vor lauter Bäumen den Wald nicht mehr sieht. Zehn Probleme, die zu lösen sind, scheinen beinahe unmöglich zu sein. Deswegen ist man lieber versucht, in die sogenannte Verdrängung zu gehen. Der Mensch ist diesbezüglich ein großer Verdrängungs- und Ausblendungs-Künstler. Aber das ändert leider nichts an der Situation, dass die Probleme nach wie vor vorhanden sind. Man sagt im Volksmund dazu, die rosarote Brille aufsetzen. Zum Abschluss suchst du dir aus den Dreien, dass für dich schlimmste Problem heraus.

Dein schlimmstes Problem? **Wieso?** **Änderung bis wann?**

______________________ ________ ________________

Wie ist dein Empfinden, bei deinem schlimmsten Fall? Ist es tatsächlich so schlimm, wie du denkst? Ist es vielleicht sogar noch weitaus schlimmer oder darüber nachdenkend, ein Hauch von nichts? Das geschieht häufig, dass wir selbst davon ausgehen, es glauben, spüren, dass etwas schrecklich ist. Wenn man es dann schwarz auf weiß sieht, dadurch imstande ist, es von außen zu betrachten, ist es halb so schlimm, das finde ich klasse. Da macht man sich verrückt, ist in ständiger Sorge, es lässt einen nicht zur Ruhe kommen und es stellt sich bei näherem Betrachten als „Nichts" heraus.

Dein Fazit: ________________________________

Wichtig ist, dass du deine Antworten und Feststellungen nicht nur im Moment liest, sondern immer wieder. Wenn dein Unterbewusstsein die Chance bekommt, es derart klar zu sehen, hat es die Möglichkeit damit umzugehen und intensiv daran zu arbeiten. Interessante Aspekte, die daraus entstehen, darum gib dir die Chance und sehe es nicht als abgeschlossen an, das ist es erst bei deinem Ableben. Solange du mittendrin stehst, ist es eine wahrlich lebendige Situation.

Jammere nie wieder

Ich hoffe für dich, dass du feststellen konntest, dass dein Leben überhaupt nicht so schrecklich ist, wie du glaubst. Es dir sogar richtig gut geht, du begnadet bist. Die Chancen leider, aus welchen Gründen auch immer, nicht genutzt hast. Das ist fatal, letztlich sogar traurig. Das war die Vergangenheit, aber wir wollen klar nach vorne schauen und bestimmt nicht zurück, denn das würde uns überhaupt nicht guttun. Die Musik spielt im „Hier und

Jetzt“ und das ist die Gegenwart, natürlich auch in der Zukunft. Also lernen wir aus der Vergangenheit, für eine großartige Zukunft. Freuen wir uns des wunderschönen Lebens, mit solch gigantischen Facetten.

Wenn dich das Thema Jammern näher interessiert oder du Freunde, Bekannte, Familie hast, die darin ihre Erfüllung sehen, schenke ihnen mein Buch „Höre endlich auf zu jammern!“ Darin geht es ausschließlich um dieses nervende und ätzende Thema. Es ist nicht nur eine Frechheit sich selbst gegenüber. Denn schließlich hat man ja alle Fähigkeiten dieser Welt bekommen, diese gilt es zu nutzen, und nicht den sterbenden Schwan zu spielen. Zweitens ist es eine viel größere Frechheit, sich derart anderen Menschen gegenüber aufzuführen. Es ist dermaßen abstoßend und eklig. Letztlich das typische Hühnergegackere, anstatt Adler zu sein, der jeder ist. Auch dazu habe ich ein interessantes Buch geschrieben. „Bist du ein Huhn oder ein Adler!“

Du hast stets die Wahl

Darüber solltest du dir im Klaren sein. Du hast stets und zu jeder Zeit die Wahl, kannst frei zwischen Erfolg und Misserfolg entscheiden. Du allein bist dafür verantwortlich, niemand anderes als du, sei dir dessen bewusst. Wenn ich die Wahl habe, wähle ich stets die für mich bessere Ausgangsbasis. Ich wäre wahrlich ein Narr, wenn ich für mich das Schlechte aussuchen würde. Also passe in Zukunft besonders gut auf dich auf. Hüte dich vor solchem negativen Mist, das hast du nicht nötig.

Die Leichtigkeit des Seins

Das Leben ist Leichtigkeit und jeder, der etwas anderes behauptet, ist leider noch nie in den Genuss gekommen, es erleben zu dürfen. Das hat aber mit der persönlichen Einstellung zu tun. Wenn diese auf die Schwere ausgerichtet ist, verbunden mit einer riesigen Portion Negativem, was soll dabei herauskommen? Ist doch logisch, dass mit solch einer Grundeinstellung das Ergebnis nur Elend sein kann. Du kannst es jedoch anpacken und zu deinen Gunsten ändern. Hierzu musst du bereit sein, den anderen Weg zu gehen. Je mehr du dich findest, desto besser geht es dir und umso mehr Leichtigkeit verspürst du in dir. Du gerätst in den Flowbereich. Bei deiner Tätigkeit Zeit und Raum zu verlieren, ist ein Traum. Es ist das Schönste, was ein Mensch überhaupt erreichen kann. Da fällt ihm die Arbeit nicht schwer, ist es eine Freude kreativ sein zu dürfen.

Wenn das so leicht wäre

Aber der Mensch hat die Tendenz, alles zu verkomplizieren. Und wenn ich etwas kompliziert mache, ist das Ergebnis vorprogrammiert. Es wird zusehends komplizierter. Schade, denn dies wäre wahrhaftig nicht nötig. Mache es dir zu deiner Lebensaufgabe für dich und deine Mitmenschen, die Dinge zu entkomplizieren. Am Anfang wird man dich auslachen. Doch lass die Spötter, wenn du es durchziehst, werden daraus bald Neider, welche voller Überzeugung sagen „Ja, du hast Glück gehabt!"

Solche Spezialisten kenne ich zur Genüge und kann ihnen ein Lächeln schenken. Sie tun mir leid und das ist schade, denn sie wissen es nicht und wollen es auch nicht wissen. Sie bleiben lieber in ihrem alten Sumpf stecken. Oder um es in die Worte vom Adler und Huhn zu fassen, sie leben als Adler weiter im Hühnerstall.

Nun denn, freie Wahl und das jeden Tag aufs Neue. Die Dinge sind simpel, wenn du denkst, etwas ist schwer, hast du vollkommen recht. Wenn du denkst, etwas ist leicht, hast du wiederum recht. Wie steht schon in der Bibel geschrieben

„Euch geschehe nach eurem Glauben!"

Dieses Zitat birgt unendlich viel Wahrheit in sich. Deswegen glaube stets an das Positive und lebe danach.

Arbeite daran

Wenn du und davon gehe ich aus, zu deinem großen Lebenswerk gelangen willst, heißt es für dich hundertprozentig einzusteigen. Halbschwangerschaft ist tabu. Das ist übel und führt schlussendlich genau zum Gegenteil, von dem was man erreichen will. Du kannst nicht einmal gut sein und dann wiederum nicht. Das geht nur für Menschen, die keine großen Ambitionen haben, die vor sich hinleben. Für jemand der eine Meisterleistung an den Tag legen möchte, kommt um die volle Konzentration nicht herum. Trainiere, mache und der angestrebte Erfolg sei dir gewiss. Du wirst ihn nicht verhindern können, das wird unmöglich sein. Dies erreichst du, wenn du mit absoluter Konsequenz vorgehst.

Arbeite mit Positivis zusammen

Du musst mit ausgesprochen positiven Menschen zusammen arbeiten und am besten auch leben. Ich weiß, was einige denken, dass das nicht leicht ist und wahrlich nicht alle Menschen positiv sein können. Da muss ich fragen, wer erzählt diesen Schwachsinn? Bestimmt kein Erfolgreicher, vergiss es und nimm solche Halbheiten nicht mehr in deinen Denkprozess mit auf. Er schadet dir unnötig und genau dafür bist du verantwortlich, dies zu verhindern. Nicht die anderen sind zuständig, dass es dir gut geht, sondern du. Folglich sorge für das passende Umfeld und welches dir zur Inspiration wird.

Mir geht es unendlich gut

Diesen Satz machst du dir zur Maxime. Die Steigerung davon ist „Mir geht es von Tag zu Tag immer besser!“ Dies ist kein esoterischer Zauber, noch sonst etwas. Das ist eine positive Selbstsuggestion, das heißt, eine positive Selbstbeeinflussung. Vielleicht denkst du jetzt, was ist das für ein Schwachsinn. Da hast du recht, das ist genauso ein Schwachsinn, wie permanent zu sagen. „Mich kotzt es so an. Ich habe keine Lust. Ich habe keinen Bock, bin so kaputt!“

Kennst du diese Aussagen? Sicherlich ist dir das bekannt. Meinst du das ist intelligenter und bringt bessere Ergebnisse? Nein, denn durch dieses dumme, permanente Gelabere werden die Dinge manifestiert und dann ist man tatsächlich erstaunt, dass es einem schlecht geht. Selbsterfüllende Prophezeiungen, nicht mehr und nicht weniger. Wenn ich die Wahl habe, wähle ich lieber die positive Suggestion. Aber weißt du was, du hast ja die Wahl und dann tue einfach, was du denkst, dass es richtig für dich ist.

Das Leben ist zu kurz

Kennst du diesen Spruch? Bestimmt, die Steigerung davon ist „Das Leben ist wie ein Kinderunterhemd, kurz und beschissen!“ In der Tat ist das Leben relativ kurz und nicht unendlich. Lass es uns gemeinsam anschauen. Die Menschen und hier vor allem die Frauen werden im Schnitt 80 Jahre alt. Mittlerweile ein wenig mehr und die armen Männer dürfen etwas früher sterben. Lass uns einmal rechnen, dass du ein Gefühl dafür bekommst. Ich gehe davon aus, dass du dich um die 40 Jahre bewegst. Junge Menschen werden weniger das Buch lesen. Denn sie stehen noch mitten drin, sind am Erfahrungen sammeln, müssen sich positionieren. Selbstverständlich gibt es Ausnahmen, wie bei den Älteren. Damit wir schneller rechnen können, nehmen wir 40 Jahre. Du kannst das mit deinem Alter nachrechnen. Wenn man den Schlüssel hat, ist dies kein Problem und leicht nachzuvollziehen.

Mögliches Alter	80 Jahre
Du bist jetzt	-40 Jahre alt oder jung (je nachdem)

„Du hast, wenn alles gut geht, noch 40 Jahre zu leben!"

Sind 40 Jahre viel oder wenig? Kommt darauf an, vierzig Jahre scheinen eine Menge zu sein. Erfolgreiche möchten es jedoch genauer wissen und rechnen die Monate aus.

Mögliches Alter	80 Jahre
Du bist jetzt	-40 Jahre alt oder jung (je nachdem)

„40 Jahre sind genau 480 Monate"

Na super, wie fühlt sich das für dich an? 480 Monate im Gegensatz zu 40 Jahren. Für mich waren damals bei meiner ersten Kalkulation 40 Jahre unendlich viel. Wir wollen es jedoch noch genauer wissen und rechnen die Wochen aus.

Mögliches Alter	80 Jahre
Du bist jetzt	-40 Jahre alt oder jung (je nachdem)

„40 Jahre sind genau 2.080 Wochen"

Na super, was ist letztlich eine Woche? Nicht viel und die Zeit rast unheimlich schnell. Die Wochen vergehen wie im Fluge. Es ist bereits greifbarer, aber wir wollen es noch genauer wissen und rechnen die Tage aus. Erfolgreiche sind immer am Rechnen.

Mögliches Alter	80 Jahre
Du bist jetzt	-40 Jahre alt oder jung (je nachdem)

„40 Jahre sind genau 14.560 Tage"

Wie kommt es dir jetzt vor? Für mich war das damals der absolute Hammer. Ich bin sichtlich erschrocken und konnte es nicht fassen. Wahnsinn, wie wenig letztlich 40 Jahre sind. Und wenn wir das Ganze auf ein Menschenleben bis 80 Jahren verdoppeln, sind das gerade einmal 29.120 Tage. Relativ kurz unser Aufenthalt, hier auf Erden. Nicht gerade besonders lustig. Wenn wir dann bedenken, mit wie viel Dummheiten wir unser Leben verbringen, sieht die Bilanz noch schlimmer aus. Rechne es unbedingt auf dein Leben aus. Schreibe deine Erkenntnisse dazu auf.

Welche Erkenntnisse hast du gewonnen?	**Wieso ist das so?**
1.) ____________________	____________________
2.) ____________________	____________________
3.) ____________________	____________________
4.) ____________________	____________________
5.) ____________________	____________________
6.) ____________________	____________________
7.) ____________________	____________________
8.) ____________________	____________________
9.) ____________________	____________________
10.) ____________________	____________________

Wie fühlt es sich für dich an? Ich mache diese Übung auch öfters bei meinen Schulungen und beim Coaching. Damit die Teilnehmer ein Gefühl für die eigene Lebenszeit erhalten. Es geht nicht um Panikmache, sondern dass jeder für sich ein Gefühl entwickelt, wie lange ein Menschenleben ist. Wir dürfen nicht vergessen, dass viele Leute wesentlich früher das Zeitliche segnen. Oft noch bevor diese das Rentenalter erreichen. Wir wollen es noch ein wenig genauer wissen, wie viele Stunden sind das?

Mögliches Alter	80 Jahre
Du bist jetzt	-40 Jahre alt oder jung (je nachdem)

„40 Jahre sind genau 349.400 Stunden"

Der Hammer, oder? In wenigen Stunden bist du heute als 40-jähriger 80 Jahre alt. Bravo und was denkst du, lohnt es sich weiterhin zu ärgern, zu jammern? Ich glaube keine einzige Sekunde länger. Wenn du noch bedenkst, dass davon gut 1/3 wegfallen, die du für Schlaf benötigst, bleibt noch herzlich wenig übrig. Was ist daraus die Botschaft

„It's time to wake up"

Es ist allerhöchste Zeit endlich aufzuwachen, nie mehr zu schlafen, sich über Nichtigkeiten aufzuregen und darüber mit jedem reden. Es gilt, wachsam durch das Leben zu schreiten. Notiere nachfolgend aus deinen zehn Erkenntnissen, deine drei wichtigsten.

Welche Erkenntnisse hast du gewonnen?	**Wieso ist das so?**
1.) ______________________________	____________________
2.) ______________________________	____________________
3.) ______________________________	____________________

Was denkst und fühlst du jetzt? Öfter höre ich auf meine Lebenszeitkalkulation „Ach Herr Crameri, das ist alles gut und recht. Das ist Theorie, die sie hier betreiben und im Übrigen, das wissen sie doch, Papier ist geduldig!" Da ich solche klugen Aussagen zur Genüge kenne, denn ich liebe diese „Ja-aber Fraktion" überrascht das überhaupt nicht. Ich kann es den Leuten nur bestätigen, dass sie aus ihrer Sicht recht haben. Es ist nur reine Theorie, die aber direkt aus dem Leben kommt.

Nur der Tod ist für fast alle Menschen ein großes Mysterium, über den man nicht spricht, dabei ist der Tod allgegenwärtig. Über eines sind wir uns aber im Klaren, wir kommen auf die Welt und werden wieder gehen müssen. Dazwischen, das nennt man Leben. Frage ist, was mache ich aus meinem Leben? Schreibe jetzt deine wichtigste Erkenntnis auf.

Welche Erkenntnis hast du gewonnen?	**Wieso ist das so?**
______________________________	________________

Deine wichtigste Erkenntnis, nimm sie mit in dein Leben. Denke immer daran, vergiss diese Erkenntnis nie mehr. Sie ist das tragende Element, welches dich über alles hinaus hievt. Wenn du wieder einmal am Hängen bist, denke an deine Sterblichkeit und daran, dass deine Zeit läuft. Wir wissen zwar nicht genau, wann wir gehen dürfen. Aber dass es so sein wird, wissen wir, denn wir bekommen alle bei der Geburt einen Abholschein.

Dein Fazit: ______________________________________

Du hast alles in dir

Eine klare und unendlich wichtige Botschaft. Alles, aber auch absolut alles ist in dir vereint. Die meisten wissen es leider nicht, wie genial sie sind. Das ist schade, denn das wäre die große Aufgabe der lieben Eltern gewesen, die eigenen Kinder auf ihre Genialität hinzuweisen. Das wird aber in fast allen Elternhäusern vergessen. Im Kindergarten und in der Schule geht es genauso weiter. Manche Kinder spüren, dass in ihnen mehr steckt. Einige werden aber dermaßen zusammen geknüppelt, ich meine das seelisch, geistig, dass nachher das Rückgrat kaputt ist. Die Minderwertigkeitskomplexe auf hohem Niveau, dass nur wenig übrigbleibt. Das reicht gerade noch zum einigermaßen Überleben, welch trauriges Kapitel der Menschheit.

Selbst wenn einige das nicht wahrhaben wollen. Für alles, fast alles benötigt man eine Genehmigung, Urkunden, Prüfungen und lange Schulungen. Nur für das Kinder in die Welt setzen und diese zu erziehen, das läuft so mit. Ich hoffe nur, wenn du Kinder hast, dass du es besser machst, selbst wenn diese bereits älter sein sollten. Es ist nie zu spät, eine Kehrtwende einzubauen. Wenn du in irgendeiner Form in der Kinderziehung tätig bist, sei wachsam und gehe bitte anders vor. Darauf höre ich öfters „Du hast ja keine Ahnung, wie schrecklich Kinder sind!“ Na super, wo soll das noch mit dieser Einstellung hinführen? Das sind sehr bedenkliche Aussichten. Das Einzige, was anscheinend für solche Kinder übrigbleibt, ist die Straße, wo sie sich in der Gruppe profilieren können.

Nutze endlich deine Fähigkeiten

Nutze sie wirklich, egal, was du erlebt hast. Unabhängig davon, was man dir beigebracht oder getan hat. Es ist nicht die Frage, wo du herkommst, sondern wo du hingehst. Und da hast du ja ein großes Ziel, sonst hättest du nicht dieses Buch gekauft und bis hierher gelesen. Du hast unendliche Fähigkeiten in dir, nutze diese, mache daraus eine gigantische Meisterleistung. Alles, was du mitbekommen hast, verpflichtet auch. Nutze es für die anderen Menschen zum Segen. Das ist nicht irgendetwas Pathetisches, sondern ein entscheidender Punkt. Je mehr du anderen Menschen einen Nutzen bietest, desto mehr wird dir ein Nutzen geboten. Ist das nicht wunderbar? Dadurch schließt sich der Kreis und am Ende profitieren alle davon. Viele Menschen träumen von der großen Kohle, vergessen aber, dass das Geld bestimmt nicht von allein kommt. Da muss man etwas dafür tun. Je höher dein Nutzen sein wird, desto höher ist letztlich dein Einkommen, das steht in direktem Verhältnis.

Wie du somit unschwer erkennen kannst, muss der Hebel nur richtig angesetzt werden und dann funktioniert es. Bevor ich aber einen hohen Nutzen bieten kann, muss ich vorher meine Fähigkeiten kennen. Diese schulen und trainieren, ohne Lernen und Training hast du keine Chance. Das ist schade, wenn du diese Zusammenhänge nicht verstehst. Mach es dir zum obersten Prinzip „Lernen, lernen und nochmals lernen!" Nach der Devise

„Seminare, Seminare von der Wiege bis zur Bahre!"

Das muss dein Lebenselixier werden. Denn all die Menschen, welche glauben, es nicht nötig zu haben und die meinen fertig zu sein, sind in der Tat fertig. Schreibe jetzt alle Fähigkeiten auf, von denen du glaubst, dass sie vorhanden sind. Wieso du das glaubst und bis wann du mit der Umsetzung anfängst.

Welche Fähigkeiten hast du? Wieso glaubst du das? Bis wann?

1.) ______________________ ______________________ __________

2.) ______________________ ______________________ __________

3.) ______________________ ______________________ __________

4.) ______________________ ______________________ __________

5.) ______________________ ______________________ __________

6.) ______________________ ______________________ __________

7.) ______________________ ______________________ __________

8.) ______________________ ______________________ __________

9.) ______________________ ______________________ __________

10.) ______________________ ______________________ __________

Vielleicht denkst du jetzt, das habe ich doch schon gemacht. Oder das ähnelt, den vorausgegangenen Aufgaben, das macht nichts. Im Gegenteil, das tut sogar gut und ist enorm wichtig, dass du die Dinge wiederholst. Es geht in die Tiefen deines Seins und das ist dringlich, dass du einen klaren Durchblick bekommst. Du musst dich buchstäblich in- und auswendig kennen. Erst dann verstehst du dich und kannst die passenden Maßnahmen einleiten. Zum Wohle deiner selbst und all der anderen Menschen. Was denkst du jetzt über deine Fähigkeiten? Ich hoffe sehr, dass du alle zehn Punkte ausgefüllt hast.

Weißt du, es spielt keine Rolle, was du damals gelernt hast oder was man dir beigebracht hat. Wenn ich zurückdenke, als junger Mensch, der im letzten Schuljahr steht, oh je, oh je, kein leichtes Unterfangen, den richtigen Weg einzuschlagen. Ich bin sogar der Meinung, dass es fast unmöglich ist, so früh genau zu wissen, was Sache ist. Natürlich gibt es einige, die wissen das und ziehen es durch. Die Mehrzahl ist sich nicht sicher und dann lernt man letztlich irgendetwas. Zu beachten ist danach nur, dass man nicht in die Falle reinläuft, von wegen „Man muss heute froh sein, dass man überhaupt eine Arbeit hat. Folglich spielt es keine Rolle, was man schafft!“ Ich bin anderer Meinung, solch eine Einstellung finde ich fatal.

Wenn das Spiel womöglich noch Jahrzehnte dauert, brauchen wir uns nicht darüber zu beklagen oder erstaunt zu sein, wenn die Menschen sich durch die Arbeit kaputtmachen. Permanent gegen den Strich zu bürsten, ist nicht klug. Genau aus diesem Grund ist es von außerordentlicher Wichtigkeit, den für sich optimalen Weg zu gehen. Stets auch in Anbetracht, dass unser Leben alles andere als unendlich ist.

Wieso sollen wir uns bei der täglichen Arbeit quälen? Das ist verrückt, wenn man solch ein Verhalten an den Tag legt. Hier heißt es schnell weg von dem alten Schema. Natürlich muss und darf man froh und glücklich sein, wenn man Arbeit hat. So schlimm ist es jetzt aber auch wiederum nicht. Es gibt genügend Stellen, die zu besetzen sind. Das Problem der meisten Menschen ist ihre Qualifikation und der menschliche Faktor, da fehlt es an einigem. Hier muss man in erster Linie Abhilfe schaffen. Es gilt wie immer im Leben, nichts dem Zufall zu überlassen. Gehe deinen Weg absolut konsequent und schaue dabei weder nach rechts noch nach links. Jetzt erarbeite dir bitte aus den zehn Fähigkeiten, die für dich drei wichtigsten heraus.

Welche Fähigkeiten hast du? Wieso glaubst du das? Bis wann?

1.) ______________________ ______________________ ________

2.) ______________________ ______________________ ________

3.) ____________________ ____________________ ________

Wie fühlt es sich für dich an? Eines ist wichtig, dass du die Dinge tust, die dir Spaß und Freude bereiten. Alles andere cancle, denn es gibt keinen Sinn. Für mich ist eines der traurigsten Kapitel, dass die meisten unglücklich bei ihrer Arbeit sind. Das kennst du bestimmt zur Genüge. Wenn du nicht zu denen gehören solltest, herzlichen Glückwunsch.

Ich brauche nur durch die Stadt zu gehen, in irgendwelche Geschäfte. Die meisten arbeiten überall und schauen mich aus traurigen Augen an. Völlig frustriert und keine Lust. Es bleibt ihnen jedoch wegen der sogenannten Kohle nichts anderes übrig, als diesen Job zu tun. Ab und zu fällt jemand auf, der strahlt und mit viel Herzblut bei der Sache ist, das ist traumhaft. Die meisten jedoch, oh je, oh je. Mache hier einen kleinen Test. Wie schaut es bei dir aus? Bitte kurz die drei Fragen beantworten.

Gibst du immer	**100%**	____________
Gibst du	**+ 10% Extraleistung**	____________
Gibst du	**+ Herzblut**	____________

Na, wie schaut deine Kurzanalyse aus? Wie oft konntest du ja sagen? Ich gehe davon aus, dass du bei der Beantwortung ehrlich warst. 100% ist das Mindestmaß, es sollte zur Normalität gehören, ist es jedoch bei Weitem nicht. Betrachte es einfach einmal selbst. Viele arbeiten im untersten Level. Wer keine 100% bringt, wird es nie in seinem Leben weit bringen. Kleines Beispiel, ich wollte mir eine edle Uhr kaufen. Solange träume ich von einer Breitling Uhr. Nun denn, die Uhr kostet doch einiges, zumal es eine Sonderedition war. Ich sehe sie im Schaufenster, ein Traum, ich war sofort verliebt in diese Uhr. Ein Prachtstück und mein Herz schlug höher. Ich gehe davon aus, dass du solch ein Erlebnis auch schon hattest. Diese Uhr musste ich haben, auch wenn sie wesentlich teurer war, als ich ausgeben wollte, egal, sie war ein Traum. Wie blöd, dass gerade Sonntag war. Am Montag in der Früh rufe ich sofort in dem Uhrgeschäft an und erkundige mich nach der schönen Uhr.

Ich wollte ein paar Details wissen. „Weiß ich nicht, weiß ich nicht, weiß ich nicht!“ Das waren fortlaufend die Antworten. Dies konnte ich beim besten Willen nicht verstehen, wie kann man nur so bescheuert sein. Da ist ein Kunde, der hat ernsthaftes Interesse an solch einem teuren Schmuckstück, er möchte Geld ausgeben und dann ein unqualifiziertes Gerede. „Ja, aber wer weiß es dann bitte.“ „Das kann ich ihnen nicht sagen“ kam als Antwort zurück. „Das kann nicht ihr Ernst sein, da ist ein Kunde, der möchte die Uhr kaufen, hat Fragen und sie können mir nicht helfen!“ „Da kommen sie halt vorbei!“ Diese Geschichte ist doch der Wahnsinn.

Ich dachte, ich träume, gewohnt war ich das Unqualifizierte aus vielen anderen Bereichen. Aber hier überraschte es mich besonders. Nun denn, ich habe mich direkt an Breitling in der Schweiz, dem Hersteller gewandt und ihm die Sachlage geschildert. Da kam ein Anruf, dass es nicht sein könnte, es ihm leidtun würde. Es war der Verkaufsleiter international. Er wird nochmals mit dem Juwelier sprechen.

Darauf hatte ich keine Lust, ich wollte von einem kompetenten Uhrmacher beraten werden und nicht von solchen Stümpern. Der Generalimporteur wird sich an mich wenden und beraten, dass ich absolut zufrieden bin und mir die Uhr kaufen kann. Na, das hörte sich gut an, ich zufrieden und glücklich, freute mich auf eine Top-Beratung. Am nächsten Tag ruft mich exakt das Geschäft aus Mannheim an. Am Telefon war der Filialstellvertreter und das könnte ja wohl nicht sein, meinte er. Seine Leute wären alle qualifiziert, dabei müsste es sich wohl um ein Missverständnis handeln. Was hat er mit dieser Aussage gemacht? Er hat mir zu verstehen gegeben „Du Kunde, bist anscheinend blöd, wir im Laden sind vollkommen in Ordnung. Ich weiß nicht, was du willst."

Das sollte man niemals tun. „Ich schlage ihnen vor, sie kommen vorbei und schauen sich die Uhr an!" Mit dem Verhalten wurde genau das Gegenteil erreicht. Erster Fehler, wenn man Kunden etwas verspricht, wie der Hersteller in der Schweiz, hält man sich daran. Zweitens, wenn ein Kunde sich beschwert, ist es doch wunderbar. Darin liegt die Chance, es noch zum Guten zu wenden.

Kunde hat nach wie vor Interesse, dann schieße ich ihn doch nicht mit diesem Verhalten ab. „Wann kommen sie vorbei?" „Ich werde überhaupt nicht vorbeikommen, das sehe ich nicht ein!" „Wieso denn, wir können einen Kaffee trinken." Sicher werde ich ein Geschäft besuchen und dann wie alte Freunde einen Kaffee trinken. „Nein, vergessen sie es!" „Ach wissen sie, dann komme ich zu ihnen" war nach einer kurzen Pause die Antwort. „Es wäre schade, wenn sie die Uhr nicht kaufen würden!" Ich beendete das Gespräch und dachte, in diesem hochpreisigen Segment hat der Hersteller bestimmt ein Top-Beschwerdemanagement.

Davon war ich überzeugt, das erste Mal hat es ja nicht hingehauen. Denn, was versprochen wurde, war eine andere Ausgangsbasis. Ich bin jedoch tatsächlich davon ausgegangen, dass der Hersteller und hier der Verkaufsleiter sich bei mir erkundigt, ob alles zu meiner Zufriedenheit abgelaufen ist. Da gibt man jemanden erneut eine Chance und er verschießt diese total. Schade, ich habe meinen Traum leider begraben müssen. Ich bin mir hundertprozentig sicher, dass du solche Situationen auch kennst. Da verliert man die Freude, sich solch ein edles Stück zu kaufen.

An diesem Fall erkennt man, nicht einmal die 100% wurden erreicht. Das ist töricht, so durchs Leben zu gehen, da wird man keine Chance haben. Und wie gehst du durchs Leben? Gehörst du auch zu diesen Spezialisten, die derart unterwegs sind? Auf diese Frage ernte ich fast immer ein „Nein!" Bei näherem Betrachten, wird das relativiert und dann kommt folgende Antwort „Kommt darauf an, bei manchen Leuten fällt es mir schwer!" Na bravo, was ist das für eine komische Ausgangsbasis? 100% reichen nicht aus, da muss immer noch 10% Extraleistung hinzukommen, plus das intensive Herzblut.

Der berühmte Mehrwert darf nicht nur ein Lippenbekenntnis sein. Von wegen, bei uns ist der Kunde König, das muss gelebt werden. Zum Schluss braucht es noch Herzblut, das Feuer der Begeisterung genannt. Das kennst du bestimmt, es gibt Menschen, die sind mit großer Begeisterung bei der Sache. Die brennen förmlich, und wenn jemand so brennt, kann er damit andere leichter anstecken. Aus deinen drei Fähigkeiten suche dir bitte die wichtigste heraus.

Welche Fähigkeit hast du? Wieso glaubst du das? Bis wann?

1.) ______________________ ______________________ ________

Du darfst dich glücklich schätzen, dass du alles notiert hast. Wie fühlt es sich für dich an? Spürst du das lodernde Feuer der Begeisterung in dir? Wenn ja, wunderbar, dann bist du auf dem richtigen Weg. Wenn nein, arbeite nochmals daran, so lange, bis du sagen kannst, das ist es, ich bin unendlich glücklich. Dies ist hundertprozentig mein Weg, den ich ab sofort Tag für Tag beschreiten werde. Ohne nach rechts oder links zu schauen.

Dein Fazit: ____

Du bist ein Genie

Ich hoffe, dass du dir deiner Eigenschaften und Qualitäten bewusst bist. Auch da gilt es einmal mehr eine Selbstanalyse umzusetzen. Es ist nicht wichtig, was dir die anderen gesagt haben, sondern welche Meinung du von dir hast. Bei den meisten ist es aber umgekehrt. Die legen einen hohen Wert auf die Meinung der anderen. Das ist gefährlich, bedeutet Abhängigkeit. Dadurch wirst du zum Spielball der Mitmenschen. Vielleicht hast du schon bemerkt, dass es nicht alle gut mit dir meinen. In erster Linie schaut jeder zu sich selbst. Da wird auch groß von Liebe erzählt. Hier heißt es für dich auf dem Weg zum Erfolg, nimm dich in acht vor den anderen, arbeite intensiv an dir und deinem Fort- und Weiterkommen. Wenn dir jemand etwas Nettes sagt, schön, danke dafür. Wenn dir jemand etwas Negatives sagt, schön, danke dafür und weiter geht es.

Gehe sofort zum Spiegel

Egal, wo du gerade bist, gehe sofort zum Spiegel und betrachte dich von Kopf bis Fuß. Was siehst du, wie schaut es aus? Wie empfindest du dabei? Notiere, was du siehst, dabei denkst und ob es für dich in Ordnung ist.

	Was siehst du?	Was denkst du?	Yes/No?
1.)	____________	____________	______
2.)	____________	____________	______
3.)	____________	____________	______
4.)	____________	____________	______

5.) ____________________ ____________________ ________

6.) ____________________ ____________________ ________

7.) ____________________ ____________________ ________

8.) ____________________ ____________________ ________

9.) ____________________ ____________________ ________

10.) ____________________ ____________________ ________

Ich gehe davon aus, dass du zehn Punkte gesehen hast. Und wie schaut es aus? Was denkst und fühlst du? Ist es eine gute Geschichte, die du siehst, oder gibt es einige Punkte, die dir nicht gefallen. Schreibe auf, wie viel du mit Yes und wie viel mit No beantwortet hast.

Yes ____________

No ____________

Ich kann es dir verraten, wie es meistens ausschaut. Die Mehrheit hat wenig Ja und erschreckend viele Nein. Das ist fatal, denn du musst dich mögen, dich lieben und das heißt, dich zu akzeptieren, wie du bist. Dann schaut man intensiver auf die einzelnen Punkte und überprüft, wo ist ein Verbesserungs-Potential vorhanden. Das Ganze stets nach dem Erfolgs-Prinzip von KVP. Was nichts anderes heißt, als „Kontinuierlicher Verbesserungsprozess!" Wer aufhört sich permanent zu verbessern, hat aufgehört gut, sehr gut oder sogar Outstanding zu sein. Er rutscht ab, oft sogar unter das Mittelmaß und da wirst du keinen Erfolg mehr haben können. Der sogenannte IST-Zustand ist eine Sache und hat sich aus deiner Vergangenheit heraus ergeben, daran kannst du nichts ändern, das ist nicht tragisch. Viel wichtiger ist, wo es hingeht, was hast du vor? Dies nennt man den SOLL-Zustand. Einige Punkte wirst du ändern können, bei den anderen wirst du keine Chance haben. Wenn ich mich da als Beispiel nehme. Ich träume davon ein Jockey zu sein, dies wird mir leider nicht gelingen, bei einer Größe von 1,90 Meter. Unmöglich, denn ich habe auch ein paar Pfunde zu viel auf den Rippen. Also kann und muss ich das vergessen. Dafür gibt es jedoch andere wunderbare Bereiche, die umsetzbar und anstrebbar sind. Konkretisiere nachfolgend aus den zehn Punkten, die drei dringlichsten heraus.

Was siehst du?	**Was denkst du?**	**Yes/No?**
1.) ____________	____________	______
2.) ____________	____________	______
3.) ____________	____________	______

Geht es dir gut oder bewegst du dich im negativen Bereich? Hier die Selbsterkenntnis, als wichtige Ausgangsbasis für ein neues Leben. Du bist zu wertvoll, um alles beim Alten zu lassen, bist genial und dies gilt es für dich herauszufinden. Schaue dich im Spiegel an und freue dich darüber, dass du dich siehst. Das ist eine wunderbare Ausgangsbasis und der erste Schritt, in eine einmalige Welt, die dir allein gehört. Da wo du dich wohlfühlst, im Flow bist und deine Fähigkeiten auslebst, ohne irgendwelche Konventionen. Es dich nicht interessiert, was die Negativis sagen. Was zählt ist vorne und wie du mit deinem Lebenswerk vorankommst. Aus den drei Erkenntnissen suche die für dich wichtigste heraus.

Was siehst du?	**Was denkst du?**	**Yes/No?**
1.) ____________	____________	______

Wie fühlt es sich an? Kannst du es mit „Ja" oder mit „Nein" beantworten? Was bringt es dir? Wenn du „Ja" sagen kannst, wunderbar. Da die Frage, wie kannst du das um Einiges erhöhen? Wenn „Nein" wie kannst du es zum „Ja" bringen? Denke daran, Erfolgreiche denken in Lösungen und nie in Problemen. Sie sind keine rosaroten Brillenträger. Sie erkennen die Situation sicherlich, nehmen diese zur Kenntnis und machen daraus ein großes Werk, wie sich das für einen Meister gehört.

Dein Fazit: ______________________________________

Keine Selbstverständlichkeit

Das ist leider bei den meisten das große Problem. Alles wird als Selbstverständlichkeit angeschaut. Oft mit dem Unterton, vor allem bei Negativem „Da kann man halt nichts machen!" Was für ein Schwachsinn, wie kann man dies behaupten? Man ist nicht man, sondern hat einen Namen. Und solange man lebt, ist immer eine Veränderung möglich. Frage hierbei ist, in welche Richtung diese laufen wird? Zu einem großen Ganzen oder noch weiter ins Negative. Tragisch, nein, denn es ist ja nur dein Leben. Vielleicht findest du diese Aussage frech? Das ist sie aber nicht, es ist die reine Tatsache, die Ausgangsbasis, dein Leben und damit kannst du machen, was du willst. Entweder du machst ein Meisterwerk über deinen Tod hinaus oder du verschwindest in Schutt und Asche von dieser Erde. Frage ist, wo geht deine Tendenz hin?

Ich habe für mich entschieden, dass ich all meine Fähigkeiten auslebe. Es für mich keine Selbstverständlichkeit ist, sondern Pflicht, diese zum Wohle der Menschheit zu nutzen. Die durch mein Wissen und Können, in den Genuss kommen. Genauso ist es deine segensreiche Aufgabe, all deine Möglichkeiten auszuschöpfen. Erfolg ist nie etwas selbstverständliches, er ist die Konsequenz aus deinen vorausgegangenen Taten, die du eingeleitet hast. Darum sei stets dir gegenüber dankbar und glücklich, dass du derart gut unterwegs bist. Halte daran fest und baue dir das weiter aus.

Arbeite an deinen Genialitäten

Denke bitte daran, dass Stillstand immer Rückschritt bedeutet. Ich bin zeitlebens mit Lernen unterwegs. Für mich ist es eine Selbstverständlichkeit, mich permanent, das heißt, Tag für Tag weiterzubilden. Ich besuche Seminare, Kongresse und Vorträge. Recherchiere und bilde mich übers Internet, Bücher und Fachzeitschriften weiter. Täglich habe ich meine Zeit dafür reserviert. Wie oft habe ich dabei gehört, ob es nicht langsam reichen würde? Wie lange das noch gehen soll? Das zeigt mir auf, dass die Menschen keine Ahnung haben. Denn man kann in der Tat nie genug wissen und können. Je mehr du weißt, desto mehr stellst du fest, dass du zu wenig weißt und kannst.

Diese Feststellung ist nicht tragisch. Die Frage ist aber, welchen Schluss ziehst du aus deinen Erkenntnissen? Wie geht es mit dir weiter? Mache es dir zu deiner Lebensmaxime, dass du permanent lernst. Es für dich zur Freude wird und keine Last. Nehme einen Teil deiner Einnahmen und investiere diese in dein Wissen und Können. Dadurch wirst du eine höhere Wertschöpfung erreichen. Das bedeutet nichts anderes, als dass du anderen Menschen aufgrund dessen einen wesentlich höheren Nutzen bietest, und das kommt postwendend auf dich zurück.

Genau dabei machen die meisten den Fehler, jammern und klagen, dass sie vermeintlich hart arbeiten müssen und dafür einen Hungerlohn erhalten, das ist fatal. Du kommst nur aus dem Teufelskreis heraus, wenn du ihn durchbrichst. Das heißt, lernen, lernen und nochmals lernen. Mache es dir bis an dein Ende zur Lebensaufgabe. Denn wer aufhört zu lernen, hat einen geistigen Stillstand. Das geht langsam, schleichend und schleppend. Die meisten merken es erst, wenn Jahre vergangen sind. Es wirkt sich auf alles aus, keine glückliche Variante. Also glaube nie, dass du fertig bist, denn wer glaubt fertig zu sein, ist in der Tat fertig. Notiere nachfolgend, was du lernen willst.

Was willst du lernen?	Wieso willst du das lernen?	Wann?
1.) ______________	__________________________	_______
2.) ______________	__________________________	_______
3.) ______________	__________________________	_______
4.) ______________	__________________________	_______
5.) ______________	__________________________	_______
6______________	__________________________	_______
7.) ______________	__________________________	_______
8.) ______________	__________________________	_______
9.) ______________	__________________________	_______
10.) ______________	__________________________	_______

Wie fühlt es sich für dich an? Ich hoffe und dies ist in dem Fall das Einzige, was ich kann, hoffen, dass du es gepackt hast, eine vernünftige Auflistung zu tätigen. Sonst hoffe ich nichts, denn wenn ich für mich hoffen würde, würde sich daraus nichts entwickeln, folglich schenke ich mir das lieber. Aber bei dir bleibt mir nichts anders übrig. Denn ich kann dich nicht dazu zwingen, es zu tun. Es unterliegt ausschließlich deinem Einsatz.

Was willst du lernen? Wieso willst du das lernen? Wann?

1.) ________________ ____________________________ _______

2.) ________________ ____________________________ _______

3.) ________________ ____________________________ _______

Überprüfe nochmals, ob es tatsächlich die drei Dinge sind, die du erreichen willst? Denn je älter du bist, desto weniger Zeit hast du zu verlieren. Leider ist es in unseren Breitengraden üblich, dass alles lange zu dauern hat, sonst ist es nichts wert. Hinzu kommt der Perfektionismus. Dies ist eine weitere Krankheit, die nicht gut ist, um voranzukommen. Darum überprüfe stets, was du anstrebst. Es muss nicht auf lange ausgelegt sein. Die Hauptdevise ist

„Just do it!"

Tue es einfach, nicht mehr und nicht weniger. Viele fürchten sich förmlich davor und sind erstaunt, wenn es nicht vorangeht. Zum Abschluss suche bitte dein wichtigstes Lernstück heraus.

Was willst du lernen? Wieso willst du das lernen? Wann?

1.) ________________ ____________________________ _______

Fühlst du dich beseelt und glücklich bei dem Gedanken, in Kürze alles zu können, was du aufgeschrieben hast? Oder lässt es dich kalt und unberührt? Wenn es dich nicht fesselt und hundertprozentig beseelt, ist es zu schwach und womöglich wirst du den Antrieb vermissen, der dich vorantreibt. Es muss dich förmlich mitreißen, nimmt von dir so sehr Besitz, dass es dich auch nachts beschäftigt, weil es dich nicht in Ruhe lässt.

Dein Fazit: ____

Höchstleistung und -ergebnisse sind das Mindeste für dich

Das muss für dich deine Mindestmesslatte sein. Achte darauf, dass du dich immer im oberen Level bewegst. Nur dann hast du auch den Erfolg, der dich weiter vorantreibt. Dies ist genau der Punkt, wo Erfolg noch mehr Erfolg anzieht. Den Anfang musst du setzen, von allein wird sich nichts tun. Davon träumt fast die gesamte Menschheit. Dies meistens ein Leben lang und sind zum Ende hin frustriert, dass sich nichts getan hat. Deine Messlatte sollte sich stets nach den Besten richten. Was zählt, sind in der Tat die Ergebnisse, auch wenn die meisten dies nicht wahrhaben wollen. Wieso ist zum Beispiel Michael Schuhmacher so berühmt geworden, bestimmt nicht, weil er schlecht und langsam unterwegs war.

Für ihn war stets der Sieg die Messlatte. Wie sieht es bei dir aus? Du machst höchst wahrscheinlich das, was die meisten Leute tun, lässt dir zu viele Optionen offen. Was bringt dir das? Es bietet dir permanent die Chance, von dem Höchstmaß abzuweichen. Denn dafür hast du dir ja alles offen gelassen. Mit solch einer Einstellung wird man nie zu den Top Leuten dieser Erde gehören. Deswegen stellt sich die große Frage, was du wirklich willst und wieso? Die klare Begründung, wieso du etwas möchtest, ist wichtig.

Wie bereits erwähnt, möchten die meisten Menschen sehr viel, aber nur die wenigsten schaffen es umzusetzen. Deshalb schlittern sie von einer Enttäuschung in die nächste. Das geht so lange, bis alles begraben wird, überhaupt nichts mehr übrigbleibt, als der normale Standard vor sich hinzuleben. Aufgegeben von der Welt, resigniert und wartend, dass irgendwann der Tod dem Elend ein Ende setzt. Das ist schrecklich derart mit sich umzugehen. Wir haben solch ein gigantisches Potential in uns. Folglich ist es wirklich unsere Pflicht, dies alles zu leben. Komm auch du zu deiner klaren Entscheidung und dann ziehe es durch. Getreu dem Motto

„Komme, was da wolle!"

Dann kannst du sicher sein, es wird manches kommen, was dich aus der Bahn werfen kann. Aber du lässt dich durch deine klaren und festen Visionen, dazu dient auch deine riesige Lebensvision, niemals wegschieben, bleibst dran. Du wächst durch diese Einstellung weit über dich hinaus und wirst erstaunt sein.

Das Mittelmaß ist unterhalb deiner Wahrnehmungsschwelle

Mache dir das bitte zu deiner Maxime, dass du keine Sensoren mehr dafür hast, das kannst du üben. Am Anfang wird es dir sicherlich schwerfallen. Im Laufe der Zeit gewöhnst du dich aber daran, dass es für dich wirklich unterhalb deiner Wahrnehmungsschwelle liegt. Der Umstimmungsprozess wird ein paar Monate in Anspruch nehmen und dann läuft es aber. Komm sofort zu einer Entscheidung und dann ziehe es durch. Das ist der dringlichste Aspekt, Entscheidungen zu treffen und diese umgehend umzusetzen, sonst kommen wieder Zweifel hoch.

Solange du jedoch keine Entscheidungen fällst und es nur bei kleinen Wünschlein belässt, wird sich nichts ändern. Es handelt sich jeweils um kleine Strohfeuer, die schnell abbrennen. Nimm zum Beispiel Sportler. Stelle dir vor, diese gehen mit dem Gedanken zur Olympiade, schauen wir, wie es läuft. Vielleicht haben wir eine reelle Chance. Das macht kein Sportler, jeder konditioniert sich auf seine Ziele und diese zieht er ohne

„Wenn und Aber!"

durch. Die Goldmedaille ist und bleibt das erstrebenswerte Ziel. Silber und Bronze ist sicherlich auch nett, jedoch ist es nicht die ersehnte Goldmedaille.

Du bist ein Adler

Ja, du bist wirklich ein Adler, der leider im Hühnerstall gefangen gehalten wurde und teilweise immer noch wird. Als Adler geboren und als Huhn zu leben gezwungen. Denn als Kind hast du keine andere Chance. Nur irgendwann hast du die Volljährigkeit erreicht und damit kannst, darfst und sollst du deine Entscheidungen, wo es hingeht und was du genau willst, frei treffen. Du allein bist für dich verantwortlich. Niemand kann dir das abnehmen. Also schenke dir jegliche Form der Alibigeschichten und der unzähligen gerne erzählten Opferstorys. Du bist kein Opfer, hast alle Möglichkeiten in dir vereint. Auch wenn man dir versucht hat beizubringen, dass du ein Huhn bist und deine Aufgabe das tägliche Rumgegackere und Körner picken ist.

Für den Aufwand, welchen du betreibst, hast du pro Tag ein Ei zu legen und das war es. Dies ist verrückt, was mit den Menschen gemacht wird. Was weitaus schlimmer ist, die meisten glauben das sogar noch, dies ist der Oberhammer. Nach dem Prinzip, einmal Huhn, immer Huhn. Das ist bescheuert und dies solltest du sofort ändern. Was ich dir empfehlen kann, hole dir den wunderbaren Film die

„Möve Jonathan"

Ich bin mir hundertprozentig sicher, dass du dich sofort wieder erkennen wirst. Der Film ist so klasse gemacht und trifft genau den Punkt.

Du hast unendlichen Erfolg

Lasse es bitte zu, eine dringliche Botschaft, die dich weiterbringt. Erfolg fängt im Kopf an und hört genau dort auf. Bestimmt kennst du es vom Sport, dass die Siege im Kopf stattfinden. Arbeite daran, deswegen ist es von Bedeutung, dass du dein komplettes Lebenswerk als Bild in deinem Kopf abgespeichert hast. Als feststehende und einmalige Größe. Diese dient dir, dich stets auf dem richtigen Pfad zu bewegen. Du darfst nie wieder davon abweichen. Es ist letztlich für jeden Menschen eine Pflicht, seine Eigenschaften zum Wohle aller zu leben. Wer aufhört dies zu tun, hört auf richtig und im Vollbesitz seiner gesamten Kräfte zu leben.

Vielleicht bist du jetzt etwas traurig oder sogar verunsichert, weil du noch nicht dein gesamtes Bild im Kopf gespeichert hast. Das macht nichts, denn es gibt noch viel zu tun. Wenn man womöglich schon Jahrzehnte ohne gelebt hat, geht es nicht über Nacht. Entscheidend ist, dass du anfängst und dich daranhältst. Dies ist das Maßgebendste und dadurch wirst du auch dahin gelangen.

Dein Lebenswerk über deinen Tod hinaus

Lass genau diesen Satz zu deinem fixen Lebenswerk werden. Ein Lebenswerk stirbt nicht mit dem Gründer, sondern lebt weiter. Das ist das Wundervolle daran, etwas Großes zu schaffen, welches weiterhin Bestand hat. Für viele Menschen bedeutet Tod das Ende von allem. In jedem Menschen steckt Genialismus, aber die wenigsten nutzen ihn. Wer stets im Mittelmaß oder darunter lebt, erlebt keine Höhen und vor allem anhaltenden Erfolg. Aus diesem Erfolg entsteht weiterer Erfolg und so trägt sich das weiter. Ein Traum, der nie endet. Dafür ist man verantwortlich, dies kann einem keiner abnehmen. Leider wird das nicht gelehrt. So zieht sich das wie ein roter Faden durch das Leben. Der Partner weiß es auch nicht. Was ist das, was zu guter Letzt noch übrigbleibt? Man muss es eben selbst tun.

Wie kommt man dahin

Das ist die dringlichste Frage, wie schaffe ich das? Kein leichtes Unterfangen, wenn man es nicht weiß. Aber so unbedarft bist du ja bei Weitem nicht mehr. Du hast viele Fragen beantwortet und dich womöglich intensiv kennengelernt, wie noch niemals in deinem Leben. Jetzt wollen wir das Ganze definitiv über die Erfolgsformel festhalten, dass du ein wunderbares Instrumentarium an der Hand hast, um damit umzugehen. Ich nenne dies auch das Kochrezept, dadurch kannst du immer kochen und erhältst das gleiche Ergebnis. Denn Erfolg und dem daraus resultierenden Glück, das nun einmal entsteht, hat nichts mit Zufall zu tun. Beides will klar gesteuert und immer wieder hervorgerufen werden. Spannend den Schlüssel hierzu in der Hand zu halten.

Wenn du die nächsten Untertitel liest, bin ich mir sicher, dass dir das alles bereits bekannt vorkommt, es für dich nichts Neues ist. Wie bei allem im Leben, der einzige Unterschied hierbei ist, dass es dir nicht richtig bewusst ist. Genau das werden wir ab sofort ändern. Erfolgreiche Menschen machen alles im absolut bewussten Bereich. Sie überlassen nichts dem Zufall, denn das ist die schlechteste Ausgangsbasis, die man sich nur denken kann.

Deine Erfolgsformel ist uralt

Hast du dich jemals gefragt, wieso manche Menschen permanent erfolgreicher und erfolgreicher werden? Auf der anderen Seite andere Menschen ärmer und ärmer? Komisch, oder? Mitnichten, hier sind klare Gesetzmäßigkeiten am Werk. Beide machen permanent das Gleiche, mit einer absoluten Konsequenz. Es handelt sich dabei um das Naturgesetz der Wiederholung, dass da lautet

„Wer permanent das Gleiche tut – wird immer nur die gleichen Ergebnisse erzielen!"

Ist das nicht wundervoll? Ich finde es grandios, weil es so simpel ist, aber die meisten Menschen verstehen es nicht. Vor allem die, welche keinen Erfolg haben, sind bitterlich darüber enttäuscht, dass sie in ihrem Leben kein Glück haben, das Leben ungerecht ist. Mit solch einer Einstellung manövrieren sie sich jedoch exakt noch stärker in diese Position hinein, in den/die sogenannten Teufelskreis oder -spirale. Mit dem Ergebnis, dass eine Spirale sich schneller und schneller dreht. Von Erfolgreichen nach oben und von den Erfolglosen nach unten. Wenn ich über das Thema Erfolg referiere, höre ich oft „Ach, Erfolg ist nicht alles im Leben!" Richtig, Erfolg ist nicht alles, nur ohne Erfolg ist leider alles nichts.

Das verhält sich genauso, wie mit dem Geld. Viele haben bei Geld dieselbe komische Einstellung. Aber was ist, wenn du keines oder zu wenig Geld hast, respektive Erfolg? Dann dreht sich alles, aber auch wirklich alles, um das Thema. Ist das glücklich machend, ich kann es mir nicht vorstellen. Es wird eher zur riesigen Belastung. Sogar oft zur Belastungsprobe, denn in unzähligen Familien gibt es genau deswegen Streit.

Also streiche solche komischen Vorstellungen aus deinem Kopf. Wenn du jedoch weiterhin auf der Meinung beharrst, dass Erfolg nicht alles ist, möchte ich dir eines mitgeben, behalte deine Einstellung, denn sie ist ein Teil von dir. Wichtig dabei ist aber, dass du glücklich bist. Sei zufrieden, happy, dankbar und lebe dein Glück eben nicht so erfolgreich zu sein. Das schaffen die wenigsten, die meisten stürzen sich lieber ins ewige Jammern und das ist furchtbar. Wenn man es für sich selbst tut, ist es noch eine Sache. Für die Mitmenschen ist es nur widerlich, abstoßend und nervt das Umfeld. Es ist eine bodenlose Frechheit, sich auf dem Rücken von anderen Menschen auszuleben.

Die Erfolgsformel lautet Z + P + T + K

Sicherlich hast du davon gehört. Wenn du bereits andere Bücher von mir gelesen hast, ist dir diese Formel nicht unbekannt. Frage ist, was hast du davon umgesetzt? Genau da hapert es bei den meisten Menschen. Wenn du es schon kennst, lese es bitte dennoch durch. Beschäftige dich intensiv damit und komme nicht auf die Idee, das kenne ich bereits. Dies brauche ich nicht zu lesen. Das ist schade, wenn du diese Einstellung hast, diese führt nie zum Erfolg. Das wäre das Gleiche, wie wenn ein Spitzensportler sich sagt, für was soll ich trainieren? Ich bin doch der Beste, das habe ich überhaupt nicht nötig. Dann tritt Folgendes in Kraft

„Wer aufhört besser zu sein – hat bereits verloren!"

Das Verlieren geht rasend schnell. Was danach kommt, ist Frust ohne Ende und die Abwärtsspirale beginnt sich immer schneller zu drehen.

Z steht für Ziele

Ziele sollte jeder Mensch haben, denn ohne Ziele keinen Erfolg. Diese haben bestimmte Eigenschaften, die sie unbedingt aufweisen müssen. Ziele müssen folgendermaßen aufgebaut sein

- Ziele müssen **klar** sein
- Ziele müssen **konkret** sein
- Ziele müssen **messbar** sein
- Ziele müssen **unmissverständlich** sein

Wenn du dich exakt an diese Formel hältst, wunderbar, denn der nächste Schritt bedeutet, die darauf basierende Planung. Wenn die Ziele jedoch wirr sind und nicht diese vier Aspekte beinhalten, ist der Misserfolg vorprogrammiert. Keine Chance, dass du die Ziele jemals erreichen wirst. Hier machen übrigens die meisten Menschen Fehler und darum haben wir das große Dilemma, dass die Mehrheit es nie in ihrem Leben schafft. Für dich einige Beispiele aus dem Leben, damit du es greifen kannst.

Ich hätte gerne genügend Geld

Genügend Geld, ist das uralte Thema, welches sich fast alle Menschen wünschen und was haben diese dadurch? Genau, genügend und genügend ist nur so viel, dass es genug ist, ausreicht. Mit genug kann man nicht viel anfangen. Deswegen lautet die Aufgabe, klar, konkret, messbar und unmissverständlich zu sagen, wie viel man gerne hätte. Wenn eine bestimmte Summe im Raum steht, kann man mit der Planung anfangen, um dahin zu gelangen.

Ein frommes Wünschlein zu haben, ohne Planung, ohne konsequentes Umsetzen und ohne die permanente Kontrolle, führt genau dahin, wo sich fast alle bewegen. Keine schöne Geschichte, also heißt es unbedingt, Abhilfe zu schaffen. Wenn du den Betrag nennst, rechne es herunter. Dadurch weißt du genau, was du jeden Tag bewegen musst, um dein Ziel zu erreichen. Eine spannende und zugleich aufbauende Geschichte, niemals wieder in Zukunft etwas dem Zufall zu überlassen.

Ich wünsche mir einen lieben Partner

Was ist denn ein lieber Partner? Aus was setzt sich dieser zusammen? Den Wunsch zu äußern, führt unverzüglich ins nächste Chaos. Da heißt es exakt festzulegen, welche Qualitäten der Partner für dich besitzen muss. Wenn dich das Thema interessiert, kaufe dir das spannende Buch „Ein Millionär als Traumpartner!" Da gehe ich explizit auf das Thema ein. Eine großartige Hilfestellung im Bereich einer Partnerschaft. Sogar bis ins kleinste Detail, denn genau um das geht es. Was nützt es, wenn dein Partner lieb ist, jedoch manches andere dich stört? Befasse dich bitte intensiv mit dieser Thematik. Das Elend in den meisten Partnerschaften spricht eine deutliche Sprache. Es muss nicht unbedingt sein, dass du dich auch in die Reihe der kaputten Beziehungen einreihst. Je genauer du dir deinen Partner zusammenstellst, deine exakten Vorstellungen von ihm hast, desto genauer wirst du diesen finden. Wenn du es jedoch wie fast alle, lieber dem Zufall überlässt, wirst du nur solche Resultate erzielen.

Ich hätte gerne ein Haus

Gehe mit diesem Wunsch zum Architekten und sage ihm, dass er dir ein Haus bauen soll. Was denkst du, wird er tun? Na klar doch, wirst du jetzt sagen, als Erstes wird er dich fragen, was für ein Haus du dir wünschst. Denn Haus ist noch lange nicht Haus. Es gibt kleine Häuser, bis hin zu riesigen Villen, mit großem Umschwung. Wie soll die Ausstattung sein? Wie viele Zimmer? Wie groß soll das Grundstück sein? Wie sieht es mit den Finanzen aus? Steht der Kredit? Wo soll das Haus gebaut werden, ist diese gewünschte Bauweise in dem Ort oder der Stadt machbar? Möchtest du etwas von der Stange haben oder alles individuell?

Wie du unschwer erkennen kannst, es sind eine Menge Aspekte zu beachten. Deswegen musst du dem Architekten klar, konkret, messbar und unmissverständlich sagen, was du willst. Was geschieht danach? Der Architekt zeichnet einen Plan, von dort ausgehend, kann immer noch etliches geändert werden. Denn dafür hat man ja einen Plan, mit all den vielen Facetten und Möglichkeiten. Danach wartet man auf den roten Punkt, die Baugenehmigung, erst dann geht es an die Umsetzung.

Ich will ein großartiges Auto

Klasse, nur was verstehst du bitte unter einem großartigen Auto? Welche Marke darf es sein? Welchen Typ liebst du? Sportwagen, Limousine, Kombi, SUV, Geländewagen, Coupe oder Cabriolet? Das sind gigantische Unterschiede und es lohnt sich, sich Gedanken darüber zu machen. Das weißt du jedoch und hast es schon immer so gemacht. Nur war dir manches nicht richtig bewusst und das macht es letztlich unberechenbar. Stelle dir einmal vor, du hast ein paar Kinder, einen Hund und kaufst dir einen zweisitzigen Sportwagen. Das funktioniert nicht, würdest du ja auch im Normallfall nicht tun.

Weitere wichtige Kriterien sind die Farbe und die unzähligen Ausstattungsmöglichkeiten, zwischen denen man wählen kann. Welche Motorisierung magst du? Einen Zwei- oder Viertürer? Benötigst du viel Stauraum? Verschiedene Details sind erforderlich, dass dein Auto für dich passt, du Freude daran hast. Letztlich ist alles eine reine Geldfrage. Was kostet dein Wunschauto und wie wirst du es bezahlen, bar, per Kredit oder Leasing? Auch an diesem Beispiel kannst du dich orientieren. Denn es hilft dir schnell und zielsicher voranzukommen.

Ich möchte glücklich sein

Das ist eine starke Formulierung. Du willst glücklich sein, den Wunsch hast du bereits in dir. Was bedeutet für dich Glück? Ab wann bist du glücklich, wie fühlt sich das für dich an und was ist dazu nötig, damit du in dieses Gefühl eintauchen kannst? Denn Glück für sich allein gibt es nicht. Es ist stets das Endprodukt aus den Konsequenzen, die du gezogen hast und den daraus resultierenden Ergebnissen. Verlasse dich bitte nicht darauf, dass sich von allein etwas tun wird. Die meisten Leute warten und sagen sich „Ich wäre gerne glücklich!" Da frage ich immer „Und was unternimmst du dafür?" Da ernte ich häufig ein Erstaunen, von wegen „Ja, muss ich dafür etwas tun?" Was für eine Frage, wo leben wir? Wieso muss immer alles von selbst funktionieren, das verstehe ich nur bedingt. Wenn ich aber das heutige Leben ein wenig näher betrachte, wird es mir zusehends klarer. Es ist die heutige Zeiterscheinung, dass man konsumiert, ohne etwas dafür zu tun. Das ist die sogenannte Vollkaskomentalität.

Dies fängt schon beim täglichen Fernsehkonsum an. Man lümmelt sich mit Knabberzeug, etwas zum Trinken auf die Couch und konsumiert zippend, von einem Programm zum anderen. Träumt davon, das eine oder andere besitzen zu wollen, was alles angeboten wird. Ohne zu verstehen, dass man für all diese Sachen, selbst aktiv werden muss. Man baut sich dadurch eine Scheinwelt auf. Wenn du wirklich glücklich sein möchtest, halte alle Punkte, die für dich wichtig sind fest, damit du dahin gelangst.

Zur Wiederholung, Glück ist das Endprodukt der vorausgegangenen Taten. Es ist das Gefühl, welches sich danach einstellt. Viele möchten Glück fest einbetonieren und für alle Zeiten pachten. Das geht aber nicht, da Glück ein sich schnell verflüchtigender Stoff ist. Glück will permanent aufs Neue produziert werden, es ist eine lebenslange Geschichte. Glück ist so vielfältig, wie es Menschen auf dieser Erde gibt. Lass uns gemeinsam kurz festhalten, was für dich Glück bedeutet. Schreibe auf, bei was du glücklich bist. Wieso das so ist und wie oft dies der Fall ist.

Bei was bist du glücklich?	Wieso ist das so?	Wie oft?
1.) ______	______	______
2.) ______	______	______
3.) ______	______	______
4.) ______	______	______
5.) ______	______	______
6.) ______	______	______
7.) ______	______	______
8.) ______	______	______
9.) ______	______	______
10.) ______	______	______

Wie fühlst du dich? Geht es dir gut? Ist es sehr aufwendig, was du benötigst, um glücklich zu werden und zu sein? Hat das etwas mit Geld zu tun, oder sind es auch simple Dinge, wie ein Spaziergang an der frischen Luft, einen traumhaften Sonnenuntergang zu erleben, einen Kino- oder Theaterbesuch, ein nettes Essen mit Freunden? Es gibt etliche kleine Dinge, die wir, wenn es uns richtig bewusst ist, wunderbar ins tägliche Leben einbauen können, die für ein Glücksgefühl sorgen. Es müssen nicht nur die großen Ereignisse sein.

Folglich packe es an, genauso, wie du jetzt unterwegs bist, zuerst die Analyse was man benötigt, dann wird es geplant. Umgesetzt, permanent kontrolliert, dass man dranbleibt, und hat dadurch sein erwünschtes, anhaltendes Glücksgefühl. Ist das nicht gigantisch und genial? Suche dir jetzt die drei für dich wichtigsten Bereiche heraus, die du benötigst, damit du wirklich glücklich bist und dauerhaft bleibst. Überlege nicht zu lange bei dieser Aufgabe.

	Bei was bist du glücklich?	**Wieso ist das so?**	**Wie oft?**
1.)	______________________	______________________	________
2.)	______________________	______________________	________
3.)	______________________	______________________	________

Wie ist dein Empfinden? Fühlst du dich super? Oder gehörst du zu den armen Menschen, welche behaupten „Mich kann nichts glücklich machen!"

„Euch geschehe nach eurem Glauben!"

Ein wunderbares Bibelzitat, das heute noch seine Gültigkeit hat. Das Fatale daran ist, die meisten glauben es nicht. Schade, wenn man halb blind und taub durchs Leben wandelt, als Krönung ohne Ende jammert. Du kennst bestimmt solche Menschen. Ich finde das fatal, dass man auf dem Kostbarsten, was man mitbekommen hat, mit seinen eigenen Füßen herumtritt. Wieso macht man so etwas Unglaubliches? Da kommt dann unverzüglich zum Tragen

„Jeder verdient das, was er verdient hat!"

Das Thema ist Reduktion auf das Wesentliche. In diesem wunderbaren Wort ist das „Wesen" enthalten. Das Wesen, dein Inneres, dein Kern, diesen herauszukristallisieren und sich hundertprozentig daran zu orientieren. Weniger ist mehr, finde für dich heraus, was das Wichtigste ist. „Ich weiß es nicht, das ist nicht leicht! Darüber habe ich mir noch keine Gedanken gemacht." Ich weiß, es ist etwas vom Schwersten, für fast alle, zu einer klaren, konkreten, messbaren und unmissverständlichen Entscheidung zu gelangen und diese dann durchzuziehen.

Um jedoch wirklich zum dauerhaften Erfolg zu gelangen und dazu gehört auch das Glück, dies ist die Konsequenz daraus. Da musst du explizit wissen, was du benötigst, dir guttut und was du auf alle Fälle meiden solltest. Sonst haut das Ganze nie hin und du darfst dich in die Reihe der ewig Unglücklichen und Frustrierten einreihen. Ist es das, was du willst? Ich glaube nicht, denn dazu ist dein Leben zu kostbar.

Bei was bist du glücklich?	**Wieso ist das so?**	**Wie oft?**
________________________	______________________	________

Nachdem du es auf einen Punkt reduziert hast, überprüfe es erneut. Ist es das, was dich glücklich macht? Schlägt dein Herz schneller? Gerätst du in den berühmten Flow, in die Leichtigkeit des Seins, wo du Zeit und Raum vergisst? Wenn ja, wunderbar, großartig, dann halte es fest und wiederhole es permanent. Wenn nein, mache dich erneut auf die Suche. Bleibe solange dran, bis du es gefunden hast. Es muss nicht für die Ewigkeit sein. Da haben die Menschen Angst, dass sie sich für alle Zeiten festlegen müssen, das ist Blödsinn. Es geht nur um die sogenannte Momentanaufnahme, wie es für dich im Moment ist. Dann ist die Frage, was du daraus machst. Wo geht es mit dir von da an hin? Was ist dein Weg, welchen du in Zukunft einschlagen wirst?

Dein Fazit: ____

Ich möchte zufrieden sein

Zufrieden sein, was ist das? Wann ist man zufrieden? Wenn einfach alles stimmig ist, Zeit und Raum, man sich im Flow befindet, es ohne Anstrengung fließt. Ein wunderschöner Traum, für den es sich lohnt, sich auf den Weg zu machen. Was brauchst du, um zufrieden zu sein? Halte die Dinge fest, arbeite täglich daran. Dafür ist dann der letzte Punkt, die Kontrolle zuständig. Da überprüfst du, ob es tatsächlich passt, hier startest du mit deinem KVP. Am Anfang wird es dir schwerfallen, da es völlig ungewohnt ist. Je länger du jedoch dranbleibst, desto leichter fällt es dir. Das geht soweit, dass du nicht mehr anders kannst, dir dein Leben zu wichtig ist, um so etwas Wertvolles zu vernachlässigen.

P steht für Plan

„Gut geplant ist halb gewonnen" eine sehr geflügelte Aussage, die von großer Tragkraft ist. Ohne Planung endet fast alles im Management by Chaos, schrecklich und grausam. In dem Moment, wo man den Überblick verliert, ist bereits fast alles verloren. Plane jeden einzelnen Schritt, auf dem Weg zu deinem riesen Erfolg. Dieser ist immer die logische Konsequenz, aus den vorausgegangenen Taten.

Stelle dir einmal vor, du träumst, eine große Reise zu unternehmen, vergisst jedoch zu planen. Was wird das Ergebnis sein? Na klar doch, du wirst nie da ankommen, wo du hinwolltest. Das ist schade, und verursacht unnötig Stress, folglich packe es lieber sofort an. Du hast eine Idee, dann setze dich unverzüglich hin und gehe in die konkrete Planung. Planen tust du so, wie die Ziele sein müssen, klar, konkret, messbar und unmissverständlich. Das ist alles, vergiss dabei nie, plane zügig.

T steht für Tun

Du planst zügig und dann schreite noch schneller zur Umsetzung. Es gibt hier die Regel der 0 Stunden. Das heißt, fange immer sofort mit der Umsetzung an. Da machen die meisten einen Fehler. Klar, die Leute scheitern bereits bei der unklaren Zielsetzung. Die Planung kann nur so gut sein, wie die gesteckten Ziele. Beherzige die schnelle Umsetzung, das ist der Punkt. Denn je länger du wartest, desto mehr Zweifel tauchen auf, nach den Zweifeln folgen die Ängste. Und wenn diese erst von dir Besitz ergriffen haben, ist der Weg bis hin zum Aufgeben sehr kurz. Da geht man noch hin und fragt Leute, die keine Ahnung von der Geschichte haben. Deren Aussagen sind meistens „Da musst du aber aufpassen. Das ist nichts für dich, lasse es lieber. Damit wirst du nur unglücklich." Die absolute Krönung ist folgender Spruch

„Schuster, bleib bei deinen Leisten"

und weitere dumme und vernichtende Sprüche. Darum gewöhne es dir an, möglichst niemandem von deinen Plänen zu erzählen, oder dir Rat einzuholen, lege einfach los, höre auf dein Bauchgefühl. Die anderen werden früh genug von dir erfahren, was Sache ist. Beachte bitte

„Reden ist Silber, Schweigen ist Gold!"

Die meisten Leute zerquatschen leider alles im Vorfeld, das finde ich tragisch. Wenn du mit jemandem redest, dann bitte mit deinem Erfolgs-Coach. Der hilft dir weiter, fordert und fördert dich, da erhältst du schnell Hilfe. Die Schnellen fressen die Langsamen. „Ich weiß doch noch nicht alles. Ich muss noch unendlich viel lernen." „Das verstehe ich sehr gut und wie lange glaubst du, dass dies dauert?" „Das weiß ich nicht!" Jetzt sind wir mitten in der Falle der Verschieberitis. Nicht wissen, was Sache ist, macht eine Unendlichkeit daraus. Dadurch sterben leider einige Dinge bereits im Vorfeld, bevor sie irgendeine Chance hatten zu wachsen. Mit diesem Verhalten schießt man sich ins Bein. Es gilt klar die Devise

„Just do it!" Wenn nicht jetzt – wann dann?"

K steht für Kontrolle

Zu guter Letzt sind wir in der Kontrolle. Wow, was für eine wundervolle Aufgabe. Sich ständig und das heißt, täglich zu kontrollieren. Zu überprüfen, bin ich auf dem richtigen Weg? Führt es mich dorthin, wo ich hinmöchte? Jeder eingeschlagene Weg führt an ein Ende. Es liegt in deinen Händen, wo er dich hinführt. Das kennst du bestimmt von der Aussage her

„Alles hat einen Anfang und ein Ende!"

Frage ist, was du anfängst und was das Ende davon sein wird. Controller sind die meist gefürchtetsten Menschen, in jeder Firma. Denn sie haben die unangenehme Eigenschaft, genau den Finger auf die betreffenden Wunden zu legen und tief zu bohren. Dabei unnachgiebig und hartnäckig zu sein. Sehr genau wissend, dass diese Schwächen einem zu Fall bringen können, riesige Stolpersteine sind. Aus diesem Grunde ist es deine Aufgabe, dich permanent zu überprüfen, Tag für Tag, Woche für Woche. Denn nur aus dieser Kontrolle heraus besteht die Möglichkeit, die notwendigen Kurskorrekturen unverzüglich einzuleiten. Deine tagtägliche Aufgabe ist, alles haargenau zu kontrollieren und immer schriftlich festzuhalten.

Es gibt nichts Schöneres, als an seinem Lebenswerk zu arbeiten

Du musst wissen, für was du jeden Tag aufstehst und zur Arbeit gehst. Für Geld, das kann es wirklich nur bedingt sein. Da steckt keine sonderlich große Motivation dahinter. Das ist unbefriedigend und frustrierend. Davon gibt es genügend Menschen auf der Erde, die nach dieser Art leben, immer bis zum Anschlag frustriert. Permanent Sachen tun, die keine Freude bereiten. Burnout, Herzinfarkt und Tinnitus sind eine klare Folge davon. Eines kann ich dir sehr ans Herz legen, hüte dich vor diesem Teufelskreis. Du musst aufstehen, glücklich und froh sein, im Flow leben.

Hast du hingegen deine Lebensvision gefunden, ist es für dich nicht die leidige Arbeit, sondern Freude pur. Es macht Spaß und bereichert dich und dein Umfeld auf das Stärkste. Suche es dir und dann gib dich voll und hundertprozentig dem Gefühl hin. In der Gewissheit und Dankbarkeit, dass du für die Menschheit Gutes tust. Jetzt hast du zwei Möglichkeiten, du kannst meinen Worten Glaube schenken und es umsetzen, oder du kannst glauben, dass bei dir bestimmt alles anders ist. Das ist eine sehr beliebte Sportart, derart zu leben. Vergiss aber nicht, das ist dann eine Alibi-Geschichte, und diese sollten wir uns ab sofort schenken.

Arbeite mit dem Lebens- und Wahrheitsfilter

Wie oft schon kamen Menschen zu dir, unter dem Siegel der Verschwiegenheit, um dir etwas Wichtiges zu erzählen. Meistens lassen wir dann unverzüglich alles liegen, um den wichtigen Storys zu lauschen. Je weniger du dich auf solche Spiele einlässt, desto besser geht es dir. Dadurch ersparst du dir Zeit, genau das ist der entscheidende Punkt. Lass dich niemals mehr von den Nichtigkeiten ablenken. Was bringen sie dir, was hast du davon? Ablenkung vom Wesentlichen, das ist unnötig. Filtere immer mehr und mehr. Lass nur noch das in dein Leben, was dir etwas bringt, dir hilft, deinen gesteckten Zielen näher zu kommen. Alles andere lasse bitte außen vor und biete den Überbringern von den Botschaften keine Plattform. Ist das tatsächlich alles von Interesse für dich? Hilft es dir auf deinem neuen Lebensweg weiter? Am Anfang werden diese konsterniert sein, danach werden sie dich mit ihrem Müll in Ruhe lassen.

Leben und Arbeit ist Freude und keine Last

Auf unserer Erde zu leben, ist eine große Freude und keine Mühsal, wie manch einer behauptet. Bei solchen Aussagen höre ich häufig „Tja, sie haben es halt gut, haben gut reden!" Richtig, ich habe es sehr gut und wieso ist das so? Weil ich Tag für Tag an mir arbeite, nach meiner gewünschten Ideallinie strebe. Oft kein leichtes Unterfangen, die Außenstehenden sehen nur das Endresultat, jedoch nie den manchmal recht beschwerlichen Weg bis dort hin. Wie viel Zeit, Geduld, oftmals auch Verzweiflung, infrage stellen, dies mit sich bringt. Wie sagt der Volksmund

„Jeder ist seines Glückes Schmied"

Ich finde, diese Aussage trifft den Nagel exakt auf den Kopf, genau dies ist das Thema. Die Freude, große Dankbarkeit zu leben und Immenses zu bewegen, damit man seine Ziele erreicht.

Nimm dich vor den Negativis in acht

Auch hier wiederhole ich mich, es ist permanent das Gleiche. Die meisten Menschen sind so negativ gepolt und leben hemmungslos diese Einstellung aus, ohne groß mit der Wimper zu zucken, das ist dermaßen ätzend. Da es sich meistens um uns nahestehende Personen handelt, sind wir häufig leichter geneigt, das üble Spiel mitzumachen. Aber das bekommt uns leider in keinster Art und Weise. Im Gegenteil, es blockiert uns unnötig und deshalb ist es sinnvoller, sofort den Anfängen zu wehren, unbedingt auf Distanz zu gehen. Das erspart dir viel Zeit und Frust.

Sei frei in deinem Denken und Handeln

Das lasse dir von niemandem nehmen. Wichtig ist, dass du dich nie mehr von irgendetwas oder jemandem ablenken und beeinflussen lässt. Denn es wird genug Leute geben, die versuchen werden, dich vom Pfad abzubringen. Für einige wird dies sogar zum Sport werden. Weil deine lieben Nächsten es nicht leiden können, dass du eventuell Erfolg haben wirst, dich veränderst und für sie nicht mehr leicht händelbar bist. Dies wird mit allen Mitteln sabotiert, also liegt es an dir, aufzupassen. Erzähle auch den anderen so wenig wie möglich, was du vorhast, denn diese werden es nicht verstehen und versuchen, dir alles mies zu machen.

Freue dich deines Lebens

Auch das ist die Wiederholung, so wie die Negativen alles wiederholen, tun das auch die Erfolgreichen. Je öfters man dies tut und danach handelt, desto zwangsläufiger wird es Wirklichkeit. Im Wort Wirklichkeit ist „Wirkt" enthalten. Die deutsche Sprache ist faszinierend. Es wirkt und deswegen ist man immer aufs Neue entzückt, was da plötzlich den Anschein hat, ohne unser Zutun zu funktionieren. Dabei haben wir oft Monate, teilweise sogar Jahre die Weichen gestellt. Da kommt zum Tragen, dass die meisten Menschen überschätzen, was man in kurzer Zeit erreichen kann. Sie denken, dass alles schneller geht. Im gleichen Atemzug wird unterschätzt, was man über einen längeren Zeitraum erreichen kann, wenn man dran bleibt. Womit wir wieder einmal beim Durchhaltevermögen angelangt sind. Du erinnerst dich noch? Durchgehen, es aushalten und schon gelangt man zum Vermögen. Frage ist aber nur wann? Welche Zeitspanne zwischen dem ersten Gedanken und der letzten Umsetzung liegt.

Sei beseelt von deiner Arbeit und deinem Tun

Ein Traum, wenn man darin völlig aufgeht. Wunderschön, erhaben und vor allem erfüllend. Es wäre easy, wenn jeder nach seinem Ideal streben würde. Aber leider nie gelernt und vieles als Schicksal betrachtend, auf dass wir überhaupt keinen Einfluss haben. Der Weg vom Erfolg zum Misserfolg ist ein solch kleiner Pfad, dass man diesen leicht verfehlt. Deswegen heißt es, äußerst wachsam durchs Leben zu gehen. Jederzeit hoch konzentriert und sich nur ablenken, im völligen und bewussten Relaxen. Das sind die zwei Welten, zwischen Anspannung und Entspannung, das ist wichtig und entscheidend. Wir sind hoch konzentriert unterwegs und genauso entspannen wir auch. Wenn wir diesen Wechsel in unser Leben integrieren, geht es uns richtig gut, das vergessen die meisten. Das Spiel geht solange gut, bis sich der Körper, meistens durch die Seele veranlasst, meldet. Im geringsten Fall sind es noch kleine Störungen. Im schlimmsten Fall knallt es richtig und man wird aus der Bahn katapultiert. Ich kann dir da nur empfehlen, gönne dir jeden Monat eine Auszeit.

Mittlerweile gibt es unendlich viele Beauty&-Wellnessangebote, nutze diese. Plane sie fest ein und lass dich intensiv von Kopf bis Fuß verwöhnen, das tut supergut. Sehe es als einen wichtigen Bestandteil deines Lebens. So wie du regelmäßig deine Wohnung, dein Auto, deine Kleider und Weiteres pflegst, genauso mache es mit deinem Körper, deiner Seele und deinem Geist. Die Seele baumeln zu lassen, wirkt wahrlich Wunder, diese wird es dir danken.

Nutze die Gunst der Stunde

Nutze jede Stunde aufs Neue. Wie oft höre ich „Ach der Tag hat so schlecht und mies angefangen. Das wird heute nichts mehr!" Schlimmstenfalls zieht man das sogar über die ganze Woche. Und wenn die Woche schlecht war, wird daraus sehr leicht ein Monat und von dort ist es nur noch ein kurzer Weg, dass sogar die Jahre nichts sind. Irgendwann sehen wir das eigene Leben, als einen großen Mist an. Man resigniert, gibt auf.

„Wer aufgibt, hat verloren"

Was lernst du daraus, ehre, schätze jede einzelne Stunde. Wenn du dir das richtig bewusst machst, ist es weiters nicht tragisch, wenn einmal eine Stunde daneben geht. So kannst du dir sagen „Das war ja vielleicht doof, macht aber nichts, die nächste Stunde kommt und da ist es wieder super!" Schon lenkst du deinen Fokus auf das Positive und bist dann im optimalen Bereich.

Du lebst nur einmal

Bitte verschiebe nie mehr etwas. Die Verschieberitis ist eine der schlimmsten Krankheiten und sie bekommt dir überhaupt nicht. Im Gegenteil, sie schadet dir auf das Heftigste. All die Dinge, die du erledigen kannst, tue sofort. Wenn du auch nicht immer alles sofort bis zum Ende durchziehen kannst, du kannst zumindest anfangen. Das ist der erste und wichtigste Schritt. Denn ohne Anfang wird es nichts. Wenn du es dir angewöhnst, jeden Tag daran zu arbeiten, wirst du im Laufe der Zeit riesige Fortschritte machen. Meistens will man unendlich viel und das Ganze möglichst sofort, das funktioniert nicht. Denke nur einmal daran, wie lange es gedauert hat, bis du endlich auf die Welt kamst.

Da zogen etliche Monate übers Land. So geht es in deinem Leben weiter. Bis du endlich laufen konntest, oh je, oh je. Wie oft bist du hingefallen und wieder aufgestanden? Wie lange dauerte es, bis du Reden konntest, eine Ewigkeit. Wie lange bist du in die Schule gerannt, bis es mit Rechnen, Lesen und Schreiben funktionierte? Bei einigen funktioniert es trotz fast 10-jähriger Übung nicht. Geduld ist eine große Tugend, fange heute noch damit an und es wird für dich zur absoluten Gewohnheit, Selbstverständlichkeit, als hätte es nie etwas anderes gegeben. Lebe, lebe, ja lebe wirklich tausendprozentig. Nutze jede Chance an dir zu arbeiten, Spaß und Freude zu haben. Weiter geht es, das Leben ist ein permanenter Fortschritt. Frage ist nur, in was für eine Richtung dieser gehen soll.

Das schafft nicht jeder

Das bekomme ich öfters zu hören. Mit leicht vorwurfsvollen Unterton, dass dies nicht jeder schafft. Muss es jeder schaffen? Ich glaube nicht, es ist eine der Freiheiten, welche wir mitbekommen haben. Einmal mehr die klare Entscheidung zu treffen, wie unser Leben verläuft. Es ist der Punkt, wo es heißt, Verantwortung für sich selbst zu übernehmen. Im Wort Verantwortung ist die „Antwort“ enthalten. Die Antwort auf dein Leben und Sein.

„To be or not to be"

Haben und tun kannst du alles. Du hast wunderbare Eigenschaften in dir vergraben, die du noch nicht kennst. Wichtig ist, dass du diese erkennst, sie förderst und mit dem Training loslegst. Tag für Tag, Woche für Woche, Monat für Monat, und wenn du das tust, bist du noch lange nicht im Erfolgsbereich. Genau hier geben die meisten im Vorfeld auf, weil sie keine Lust mehr haben, es zu lange dauert und zu anstrengend ist.

Denke stets daran „Wer aufgibt, hat verloren." Zu diesem Thema kann ich dir das Buch mit dem Titel „Gib niemals auf, sei kein Verlierer" empfehlen. Als Sieger und Gewinner, der du nun einmal bist, mit deiner permanenten Arbeit am Lebenswerk, deswegen hast du wie die anderen Erfolgreichen, das Wort „Aufgeben" aus deinem Vokabular gestrichen. Es ist für dich nicht existent.

Lebe im „Hier und Jetzt"

Das ist wichtig, denn als wir jung waren, haben wir stets gesagt, wenn wir einmal größer sind, endlich volljährig. Jetzt wo wir erwachsen sind, blicken wir zurück und behaupten, früher war alles einfacher. Wie kann man nur so verrückt sein und sich damit völlig aus der Gegenwart schießen. Denn die ist das Wichtigste, was es für uns überhaupt gibt, in dieser leben wir. Genau jetzt in dem Moment. Die Vergangenheit ist vorbei, die Zukunft noch nicht da. Der jetzige Augenblick ist der einzige Moment, den es gibt, welchen du wahrnehmen kannst und mit dem du sofort eine Änderung einleiten kannst. Diese Botschaft gilt es fest in sich zu tragen, zu verankern und niemals davon abzuweichen. Wenn du merkst, dass du abrutschst, hole dich sofort mit folgendem Satz zurück

„Ich lebe im Hier und Jetzt"

Vielleicht findest du das lächerlich, tue es dennoch. Auch wenn es banal klingen und ausschauen mag. Es hilft dir aber sofort auf den Punkt zu kommen.

Minimalismus oder Maximalismus

Im letzten Kapitel möchte ich mit dir nochmals über das Entscheidende reden. Wenn du endlich eine Entscheidung gefällt hast, du weißt, wo es lang geht, alles klar ist, angefangen hast, das ist für viele fast ein lebenslanger Prozess. Ich gehe aber davon aus, dass es bei dir zügiger vonstattengeht. Dann heißt es, dich dem Maximalismus zu verschreiben. Viele sind minimalistisch unterwegs, dass das Resultat genauso wird und dadurch oft überhaupt nicht spür- und sichtbar. Schlimm? Nein, nur schade für die Hoffnung und die immense Zeit, die reingesteckt wird.

Nutze endlich deine Kapazitäten

Nutze diese und arbeite immer im Maximalismus. Erstens macht es mehr Freude und Spaß. Zweitens erzielst du dadurch andere Ergebnisse, die sich sehen lassen können. Große Dinge werden nur dadurch erreicht, in dem man groß denkt und ebenso handelt.

Frust bei der Arbeit macht krank

Alles, was dich frustriert, lege sofort ab. Denn sonst wirst du mittel- bis langfristig krank und das wäre schade. Vor allem, wenn es durch solche blöden Dinge verursacht wird. Denke daran, in der Ruhe und Souveränität liegt die Kraft. Alles was frustriert, halte es schriftlich fest und gehe sofort in die Änderung.

Der hat gut reden

Solche Dinge wirst du hören. Sei es, dass du so denkst oder die anderen dies von dir denken. Das spielt keine Rolle, wichtig ist ausschließlich, dass du weißt, wo dein Weg hingeht. Alles andere ist völlig uninteressant und davon musst du dich lösen.

Du bist ein Genius

Du bist und bleibst ein Genius. Frage ist nur, was du schlussendlich daraus machst? Wie gehst du vor, was sind deine Zielsetzungen und zu guter Letzt natürlich dein Engagement? Ohne dieses nur Mittelmäßigkeit oder gar nichts entsteht. Es ist simpel, wenn man darum weiß, wirklich alle Register zieht, und damit unweigerlich zum Erfolg gelangt.

Abschlusswort

Jetzt neigen wir uns dem Ende zu. Ich danke dir, dass du mich bis zum Schluss begleitet hast. Manches fandest du toll und faszinierend, anderes weniger, deinem Naturell, deinen Vorkenntnissen und Glaubenssätzen entsprechend. Jetzt kommt der große Moment, wo es an dir liegt. Du hast viele Inputs erhalten, alle Möglichkeiten vor dir liegen. Was machst du daraus? Was denkst du, wirst du eines Tages stolz und glücklich sein? Wird es ein Lebenswerk sein, welches weit über deinen Tod hinaus zum Tragen kommt? Oder wird durch dein Ableben alles vorbei sein?

Ich bin mir sicher, dass dir auf der Zunge liegt „Das weiß ich jetzt noch nicht!" Schenke dir unbedingt diese Denk- und Handlungsweise. Sie ist von übel und tut dir alles andere als gut. Im Gegenteil, sie schadet dir unnötig und dies musst du ab sofort und für alle Zeiten vermeiden. Du musst nicht schauen, wie es wird, denn so gerätst du selbst in die Passivität und das ist das Schlimmste, was du dir angewöhnen kannst. Du lebst nicht passiv, sondern höchst aktiv. Also nutze es, und komme zu einer klaren Entscheidung. Jeder Mensch, der zu dieser klaren Entscheidung gelangt, lebt wesentlich ruhiger, erfüllter und glücklicher.

Ist das nicht wunderbar? Das ist doch wirklich ein Traum, der nie zu Ende gehen muss. Fange genau jetzt an, lies das Buch immer wieder durch. Wenn du merkst, dass es so nicht weitergeht, hole dir Hilfe. Ein Erfolgs-Coach, hilft dir schneller und eleganter voranzukommen. In diesem Sinne verabschiede ich mich langsam mit einem weinenden und einem lachenden Auge von dir. Das weinende Auge, weil es zu Ende ist und wir so nie wieder zusammenkommen. Dies ist eine feststehende Tatsache. Denn du hast mich jetzt über einige

Tage, Wochen, Monate oder vielleicht sogar auch Jahre begleitet. Ich durfte dein Freund sein, dir viele Inputs geben. Jetzt am Ende des Buches ist es vorbei. Außer du holst es wieder hervor und arbeitest damit, was ich dir sehr an Herz legen kann. Das lachende Auge, weil ich weiß, dass sich Erfolgreiche wiedersehen und hören werden. Das lässt meine Traurigkeit verschwinden und einem super Glücksgefühl Platz machen. Ich sehe einige meiner Leser auf Seminaren (von mir) wieder, andere kaufen meine Bücher, Hörbücher und hören meinen Podcast.

Viele fragen wegen Erfolgs-Coaching an und einige werde ich persönlich zum Erfolg coachen. So schließe ich das Kapitel in großer Dankbarkeit. Ich danke auch für die positiven Feedbacks, welche ich permanent erhalte. Zu wissen, in eine großartige Welt eingebettet zu sein, mit unendlichen Möglichkeiten. Begleitet von großartigen Menschen, wünsche ich dir von ganzem Herzen, alles alles Liebe und Gute auf deinem weiteren Lebensweg.

Dein Ernst Crameri

Meine und unsere Dienstleistungen

Da ich der Meinung bin, dass das Leben spannend und aufregend ist, habe ich mich nie mit einer einzigen Sache begnügt. Ich wollte immer wesentlich mehr tun und haben. Ein Mensch hat unendliche Fähigkeiten, darum gilt die Theorie von „Schuster bleib bei Deinen Leisten" schon lange nicht mehr. Vergessen Sie das, und man den erlernten Beruf beibehalten sollte, ist auch ein Ammenmärchen. Das Leben ist vielseitig und spannend, wenn wir etwas daraus machen. Deshalb freue ich mich sehr, Ihnen die verschiedensten Dienstleistungen vorzustellen. Gemeinsam mit meinem Team ist es unser Anliegen, Sie in Ihrer Weiterentwicklung zu unterstützen, Sie zu verwöhnen und dazu beizutragen, dass Sie ein wundervolles Leben auf Erden führen können.

Hier die Dienstleistungen nach alphabetischer Reihenfolge
Wählen Sie aus dem großen Leistungsspektrum und fragen Sie nach den Konditionen. Gerne sind wir für Sie da und beantworten Ihnen alle Fragen, denn glückliche und begeisterte Kunden sind unser Ziel.

- Bücher
- Einzelbehandlungen (Fitness/Wellness/Schönheit)
- Erfolgsproduzent und -coachings
- Events
- Hoteltesting
- Podcast und Hörbücher
- Mystery X Tests
- Naturkosmetik-Produkte
- Privat-Jet
- Reisen

- Seminare
- Vorträge

Bücher schreiben

Sie erhalten von uns Bücher, zu den verschiedensten Themen, rund um das Leben. Ebenso bieten wir Ihnen das Ghostwriting an. Das heißt, wir schreiben mit Ihnen und für Sie Ihr Buch. Ganz wichtig für Unternehmer, denn ein eigenes Buch schafft eine wunderbare Reputation. Wenn Sie ein neues Produkt auf den Markt bringen, ist es ideal, wenn Sie das passende Buch dazu anbieten. Als Fachmann zeigen Sie durch ein eigenes Buch eine hohe soziale Kompetenz.

Unsere Kunden, die sich von der Masse der Mitbewerber abheben wollen und damit einen anderen Nimbus erhalten. **Ärzte,** die ihre spezielle Behandlung publizieren. **Hotels,** die über ihr Haus mit besonderen Eigenheiten berichten. **IT-Firmen,** die etwas Neues entwickelt haben, weitere Firmen, quer durch alle Branchen und natürlich Privatpersonen.

Wieso Ernst Crameri: Weil er zurzeit bereits 67 Bücher geschrieben hat und weitere folgen. Weil er weiß, wie es in der Branche abgeht, welche besonderen Kenntnisse erforderlich sind, ein Buch zu schreiben und zum Erfolg zu bringen.

Einzelbehandlungen (Fitness/Wellness/Schönheit)

Wir leben nur einmal und unseren Körper nennt man auch den Tempel, in dem die Seele und der Geist wohnt. Damit der Organismus lange auf einem hohen Level funktioniert, ist es dringlich, dass wir ihn pflegen, für ihn da sind. Bei uns erhalten Sie Behandlungen von Kopf bis Fuß. Von intensiver Massage, über fernöstliche Behandlungen und den verschiedensten Spezialanwendungen. Näheres auf der Webseite www.wellness-einzelbehandlungen.de.

Wer sind unsere Kunden, es sind Menschen, die mehr für sich tun wollen. Den Zeitgeist klar erkannt haben, wie wichtig es ist, dass man sich behandeln und pflegen lässt. Vom jungen Menschen, bis hin ins höchste Alter hinein. Männer wie Frauen, die sich verwöhnen lassen.

Wieso Ernst Crameri: Weil er aufgrund der 40-jährigen Erfahrung einen riesigen Fundus an Wissen und Können mitbringt. Durch die Hotelberatungen und -tests weiß er auch, wie es läuft. Ein qualifiziertes Team an Behandlern wartet auf Sie.

Erfolgsproduzent – und coachings

Als Erfolgreicher ist eines wichtig, das Erfolgswissen weiter zu vermitteln und anderen Menschen zu helfen, zum Erfolg zu gelangen. Das ist in jeder Hinsicht eine wundervolle Aufgabe. Es gibt verschiedene Arten von Coachings, einmal vor Ort in den Firmen, dann am Telefon. Es geht mit täglichem und wöchentlichem Coaching los. Wenn eine Veränderung stattfinden soll, ist es dringlich, dass man dranbleibt. Denn die alten Gewohnheiten lassen sich nicht über Nacht über Bord werfen. Es ist stets ein längerer Prozess, ein Reifeprozess, der da stattfindet.

Wer sind die Kunden, von kleinen Kindern bis hin ins höchste Alter. Es sind Menschen, welche die stärkende und beschleunigende Funktion des Coachings für ihre Entwicklung nutzen möchten oder Menschen, die Grundlegendes in ihrem Leben verändern möchten. Für die es so, wie bisher nicht mehr weiter gehen kann. Wichtig dabei ist der klare, eiserne Wille zur Veränderung. Von Einzelpersonen aus allen Schichten und Berufszweigen, bis hin zu großen Firmen.

Wieso Ernst Crameri: Weil er weiß, wie man aus Menschen Spitzenleistungen rausholt, diese mit einem Lachen und dennoch der nötigen Ernsthaftigkeit zum Erfolg führt. Erfolg ist kein Zufall, sondern planbar.

Events

Wir organisieren große Events, für die verschiedensten Veranstalter. Dabei übernehmen wir die komplette Dienstleistung der Lokationssuche, bis hin zum Catering und kompletten Handling, damit die Veranstaltung reibungslos abläuft. Unsere Erfahrung beruht auf der Organisation von vielen eigenen, wie auch Kunden-Events in der gesamten Welt. Viele Firmen vertrauen uns und lassen für ihre besten Mitarbeiter Incentives ausrichten.

Wer sind unsere Kunden, Firmen und Seminarveranstalter, die das Handling einem Profi überlassen. Genauso wie Einzelpersonen, die ein außergewöhnliches Fest, wie zum Beispiel Hochzeit, Geburtstag oder sonstige Festivitäten ausrichten.

Wieso Ernst Crameri: Events zu organisieren erfordert einen riesigen logistischen Aufwand, es sind viele Parameter, die zusammen spielen, damit es reibungslos über die Bühne geht. Ein qualifiziertes Team steht Ihnen mit Ernst Crameri während der Veranstaltung vor Ort zur Verfügung und managt den gesamten Ablauf.

Hotel- und Schiffstesting

Es gibt viele Hotels und auch Schiffe, die leider manchmal noch nicht ihre Performance erreicht haben. Sehr oft stimmt die Hardware komplett, jedoch die Software passt nicht. Beim Team angefangen von der Direktion bis hin in die einzelnen Abteilungen, da klemmt es oft.

Wer sind unsere Kunden, von kleinen Hotels und Schiffen, bis hin zu großen Hotelketten und Reedereien. Alle Dienstleister, die bereit sind, eine höhere Wertschätzung den Kunden, den Gästen gegenüber aufzubringen und das Gastdasein auch entsprechend zelebrieren.

Wieso Ernst Crameri: Weil er 80% seiner Zeit on the way ist und dies fast immer in Hotels. Das hat ihn dazu bewogen, das Buch „Servicewüste Hotels“ vollgepackt mit Tipps und Know-how.

Podcast und Hörbücher

Podcast und Hörbücher als wunderbares Instrument, für die Fort- und Weiterbildung. Ideal beim Autofahren, als sogenannte rollende Universität, um neues Wissen zu erlangen. Ebenso beim Sport und auch im Alltag einsetzbar.

Wer sind die Kunden, von der Einzelperson bis hin zu Firmen, die für ihre Mitarbeiter die Hörbücher bestellen und verschenken. Oder sogar als Pflichtprogramm für das eigene Team einsetzen. Nur wer permanent trainiert, hat Erfolg. Podcast als kostenloses Tool für die Weiterbildung.
Hörbüch-Shop: www.cramerishop.com.
Podcast: www.ergebnisorientiert.com.

Wieso Ernst Crameri: Weil er mit seiner Sprache voller Begeisterung, die Leute motivieren kann. Die Sprache und Ausdrucksweise muss fesselnd sein und die Zuhörer begeistern. Es muss im Gegenüber etwas ausgelöst werden. Ein sich Wiederfinden, um in die Umsetzung zu gelangen. Umso hilfreicher, wenn es in einer Sprache geschieht, die den Menschen eigen ist, keine hochakademischen Worthülsen, sondern Kommunikation auf Augenhöhe.

Mystery X Tests

Als Kunde in Geschäfte gehen und einkaufen, den Service, die komplette Dienstleistung zu überprüfen, um nachher die positiven wie negativen Seiten mit der Geschäftsleitung und dem Team zu analysieren. Danach in die Veränderung zu gehen, durch Training vor Ort.

Wer sind die Kunden, jeder der ein Geschäft hat und auf Servicequalität und Kundenzufriedenheit großen Wert legt. Denn die heutige Konkurrenzsituation ist riesig, wenn ein Kunde nicht zufrieden ist, geht er sofort. Dies gilt es zu vermeiden, und für die Kunden stets die allerbeste Leistung zu bieten.

Wieso Ernst Crameri: Weil er die Zusammenhänge schnell erkennt und die Firmen wieder in den positiven Mehrwertbereich für die Kunden führt. Jede Firma hat sogenannte Leichen im Keller, aber auch Goldadern. Erstere gilt es zu eliminieren und die Goldadern zu bergen, um Erfolg auf der ganzen Linie zu haben.

Naturkosmetik-Produkte

Herstellung und Vertrieb der eigenen Crameri-Naturkosmetik-Produktelinie, seit fast 30 Jahren. Kein riesiges Sortiment, sondern ein straffes und hochkarätiges, für jeden Hauttyp. Spannend auch als White-Labeling, die Produkte erhalten das Etikett des Kunden und sind somit seine eigene Produktlinie.

Wer sind die Kunden, der Endverbraucher, welcher jeden Monat die Produkte für den persönlichen Bedarf bezieht. Schönheitsfarmen, Kosmetikstudios, Friseure, Masseure, Physiotherapeuten, Farb- und Stilberaterinnen, Fußpfleger, Fachgeschäfte und Hotels beziehen die Produkte. Bei White-Labeling handelt es sich um Kunden.

Wieso Ernst Crameri: Weil die Crameri-Naturkosmetik GmbH seit 40 Jahren erfolgreich auf dem Markt ist, und Sie in ihr einen zuverlässigen Partner an Ihrer Seite haben. Von der Produktion bis hin zur Vermarktung.

Privat-Jet

Ein absoluter Traum, in den Privat-Jet einzusteigen und dies ohne lange Kontrollen und Warten. Die Maschine steht bereit, die Triebwerke angemacht, Sie fahren an und wenige Minuten später befindet sich der Jet bereits in der Luft. Schneller und bequemer geht es nicht.

Wer sind die Kunden, Einzelpersonen, die schnell von A nach B müssen. Skiflüge nach St Moritz, zum Autorennen nach Monte Carlo, nach Sylt und weitere spannende Flüge. Firmen, die ihre besten

Kunden oder Mitarbeiter zu einem Incentive einladen. Auch Privatpersonen, die das Besondere lieben.

Wieso Ernst Crameri: Weil die Firma seit über 29 Jahren in diesem Metier vertreten ist. Ernst Crameri ist in der Regel stets persönlich dabei und betreut die Gäste vor Ort.

Reisen

In die gesamte Welt, am meisten Kreuzfahrten auf Flussschiffen und auf den Weltmeeren. Mit wunderbaren Rahmenprogrammen, wie besonderen Ausflügen, Vorträgen und Seminaren. Ebenso exklusive 5* Hotels, auf der ganzen Welt.

Wer sind die Kunden, Einzelpersonen, die gerne auf den Events dabei sind und Firmen, die Incentivereisen für ihr Team und ihre Kunden durchführen. Die besondere Belohnung für außergewöhnliche Menschen.

Wieso Ernst Crameri: Weil er die schönsten und besten Schiffe persönlich kennt. Bei den Reisen meistens selbst dabei ist, sodass der direkte Kontakt gegeben ist. Und wenn er nicht dabei ist, gibt es perfekte Betreuung durch sein qualifiziertes Team.

Seminare

Zum Thema Erfolg und alles, was damit zusammenhängt, ganzheitliche Rhetorik, Erfolgsdenken, Geldseminare, Ausbildungen zum Beauty&Wellness-Spezialisten, Social Media und vieles mehr.

Wer sind die Kunden, Einzelpersonen, die sich fort- und weiterbilden möchten. Firmen, die ihr Team zum Training und zur Ausbildung schicken.

Wieso Ernst Crameri: Durch Tausende von Schulungen und Seminaren, Top im Training und stets auf dem Laufenden. Ferner Mitglied bei der GSA, German Speakers Assoziation. Mit großer Leidenschaft und Begeisterung auf vielen Veranstaltungen dabei. Seminare von der Wiege bis zur Bahre, ist eine seiner Maximen.

Vorträge

Spannende und fesselnde Vorträge vor kleinem und großem Publikum. Vorträge zu den verschiedensten Themen rund um das Thema Erfolg, Durchhaltevermögen, Zielsetzung, Lebenswerke und zum kompletten Persönlichkeitsthema.

Wer sind die Kunden, Organisationen, die ihn engagieren, Verbände, Vereine und Firmen. All jene, die Idee, Gedanken, Innovationen zulassen und die Veränderung im heutigen Zeitalter bewirken möchten. Die den Weg schaffen wollen, in eine Welt des Erfolges. Ebenso offene Seminare, die von Ernst Crameri direkt durchgeführt werden.

Wieso Ernst Crameri: Durch die brillante Sprache und Ausdrucksweise, ein fesselnder Redner, welcher das Publikum begeistert. Sein Schweizer Akzent und Humor begeistert die Zuhörer im In- und Ausland. Vorträge in Rätoromanisch, Italienisch, Französisch, Hochdeutsch und Schweizer Deutsch. Gewinner des internationalen Speaker Slam Awards.

Bei Fragen wenden Sie sich bitte direkt an

Crameri-Naturkosmetik GmbH
Mannheimerstr. 11b
67098 Bad Dürkheim
Tel. 0049-6322-5734
Fax 0049-6322-66071
E-Mail: Sekretariat info@crameri.de
Geschäftsleitung: gn@crameri.de
Website: www.crameri.de

Ein Auszug aus unseren Werken

Ein Millionär als Traumpartner

ISBN: 978-3-86689-000-8
19,80 € (D)

Fange endlich an zu leben

ISBN: 978-3-86689-001-5
19,80 € (D)

Wahrheit und Klarheit im Kosmetik- und Wellness-Institut

ISBN: 978-3-86689-002-2
19,80 € (D)

Horror - Eingewachsene Zehennägel

ISBN: 978-3-86689-003-9
19,80 € (D)

Gib niemals auf, sei kein Verlierer

ISBN: 978-3-86689-008-4
19,80 € (D)

Bist Du ein Mörder?

ISBN: 978-3-86689-004-6
19,80 € (D)

Bist Du ein Huhn oder ein Adler

ISBN: 978-3-86689-018-3
19,80 € (D)

Der unendliche Schmerz der Verlassenen

ISBN: 978-3-86689-009-1
19,80 € (D)

Servicewüste Hotels

ISBN: 978-3-86689-010-7
29,80 € (D)

Hast Du auch diese schlimme Krankheit - Verschieberitis

ISBN: 978-3-86689-005-3
24,80 € (D)

Wieso hast Du so wenig Durchhaltevermögen

ISBN: 978-3-86689-006-0
19,80 € (D)

Höre endlich auf zu jammern

ISBN: 978-3-86689-022-0
19,80 € (D)

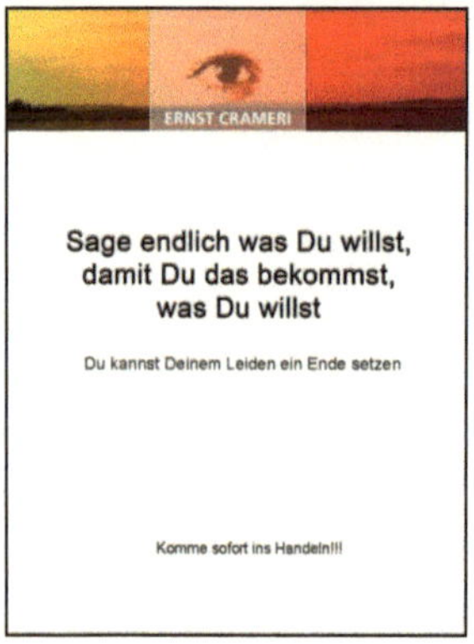

Sage endlich was Du willst, damit Du das bekommst, was Du willst

ISBN: 978-3-86689-014-5
19,80 € (D)

Sprich nie mehr negativ

ISBN: 978-3-86689-013-8
19,80 € (D)

Die 20 Erfolgsverhinderer

ISBN: 978-3-86689-021-3
24,80 € (D)

Alles hat seinen Preis

ISBN: 978-3-86689-0206
19,80 € (D)

**Lifelong learning
und Du wirst unschlagbar**

ISBN: 978-3-86689-015-2
19,80 € (D)

**Beschwerdemanagement
die Chance Fans zu gewinnen**

ISBN: 978-3-86689-025-1
19,80 € (D)

**Mit dem Erfolgsbuch
zum Erfolg**

ISBN: 978-3-86689-017-6
19,80 € (D)

**Hast Du Deine große
Lebensvision**

ISBN 978-3-86689-019-
19,80 € (D)

Ungeduld ist der Tod jedes Erfolges

ISBN: 978-3-86689-026-8
19,80 € (D)

Jeder hat aus seiner Sicht recht

ISBN: 978-3-86689-028-2
19,80 € (D)

Ich lebe meinen Lebensstil

ISBN: 978-3-86689-027-5
19,80 € (D)

Einen Partner übers Internet

ISBN: 978-3-86689-016-9
19,80 € (D)

An ihren Taten sollst du sie erkennen

ISBN: 978-3-86689-031-2
19,80 € (D)

Unser Lebenszug rollt und rollt

ISBN: 978-3-86689-029-9
19,80 € (D)

Gefangen in der Box

ISBN: 978-3-86689-030-5
19,80 € (D)

Vita von Ernst Crameri

Ernst Crameri erblickte im Oktober 1959 in St. Moritz (Schweiz) das Licht der Welt. Er wuchs in einem einfachen Elternhaus auf. Als kleines Kind machte er meist das Gegenteil von dem, was von ihm erwartet wurde. Im Kindergarten und der Schule ging es oft rund. Als Heranwachsender machte er jeden Streich mit, und durfte dafür an freien Nachmittagen im Sommer Rasen mähen und im Winter zum Schneeschaufeln auf dem Schulhof antreten.

Sein Traum war, ein Leben im Reichtum. Prägend waren vier Schlüsselerlebnisse. Im Winter wollte er neue Skier und einen Skipass. Sein Vater konnte nicht beides kaufen. Da ging er mittags nach der Schule in ein Kohle/Holzlager. Dort schaufelte er Kohle und stapelte Holz. Dadurch konnte er sich mit 12 Jahren einiges leisten. Dieses Gefühl der Freiheit war für ihn gigantisch. Das zweite Erlebnis war in der Schule, wenn es galt einen 2 bis 3-seitigen Aufsatz zu verfassen. Er fand das super, und so wurden es meist Werke mit über 30 Seiten. Diese Aufsätze wurden vorgelesen und prämiert.

Sein Traum war Koch zu werden und so schickte ihn sein Vater nach Lenzerheide, zu einem Cousin, der einen Hotelbetrieb führte, in die Schnupperlehre. Gleich musste er als Koch einspringen und die Schikanen nahmen täglich zu. Als er das Zimmer mit weiteren Mitarbeitern teilen musste und sein erster Lohn aus dem Zimmer gestohlen wurde, ging es den Berg runter.

Sein Vater war begeistert, dass die Verwandtschaft aus Ernst einen lebensgerechten Menschen formt, ganz nach seinem Geschmack. Die Mutter war den Tränen nahe, als ihr Sohn die Lehre aufgab. Ernst griff zur äußersten Maßnahme und legte sich beim Unterricht mit dem Rektor an. Er flog im hohen Bogen von der Schule und damit war automatisch das Thema Kochausbildung beendet. Dies war das dritte Schlüsselerlebnis.

Danach begann er in St. Moritz in einem Sportgeschäft eine Lehre als Kaufmann. Der zweite Tag, kurz vor Feierabend brachte den Durchbruch. Da kam eine südamerikanische Familie ins Geschäft. (12 Personen) Das Oberhaupt sagte einen einprägsamen Satz „We need only the best“ das kannte er bisher nicht. Nach gut einer Stunde war der Einkauf beendet und Ernst durfte an der Kasse eintippen, da stand die Zahl von CHF 128.000,00. Der Chef fragte ihn „Was schaust Du so?“ Er zeigte auf die Kasse und da meinte der Inhaber „Daran wirst Du Dich gewöhnen!“

Das war für ihn eine neue Welt. Kurz darauf kam der Skilehrer, der die Familie gebracht hatte, ins Geschäft und bekam CHF 12.800,00 für die Vermittlung. In dem Moment war für Ernst klar, dass er den Weg gehen wird. Nach der Lehre verließ er das Sportgeschäft. Im Winter war es klar, den Weg als Skilehrer zu gehen. Die Überbrückung war das Thema, also was tun im Sommer und so arbeitete er eine Zeit lang als Hilfsarbeiter bei einer Dachdeckerei.

Es war nicht der Traumjob, er brauchte aber Geld und damit wieder Unabhängigkeit. Der Versuch als Tennislehrer oder Golflehrer tätig zu sein, war von kurzer Dauer. Er heuerte bei einer Baufirma an. Wenige Tage später stellte ihm jemand ein Bein, obwohl niemand in seiner Nähe war und er rutschte den Hang herunter. Notarzt, Intensivstation und Therapie. Er ging ins Heilbad zur Therapie. Dort freundete er sich mit einem der Therapeuten an und fand Gefallen an dieser Arbeit.

Er ließ sich zum Masseur und Therapeuten ausbilden. Sein Traum war, auch Kosmetiker zu sein. Das war zur damaligen Zeit ein Ding der Unmöglichkeit. Die Schulen wollten von einem Mann nichts wissen. Ergo sprach er mit einer Kosmetikerin und machte mit ihr ein Geschäft, sie bekommt regelmäßig Massagen und bildet ihn dafür zum Kosmetiker aus. Ernst war immer sehr schnell lösungsorientiert. Im Winter war er als Skilehrer tätig. Morgens vor Skibeginn, fuhr er mit seiner tragbaren Massageliege von Villa zu Villa, von Hotel zu Hotel. Danach den Tag über Skiunterricht und abends wieder Massagen und Kosmetikbehandlungen.

Danach als Discjockey, bis frühmorgens. Kurz ins Bett und dann ging es wieder von vorne los. Im Sommer besuchte er seine Gäste im In- und Ausland. Abgeholt von Privatjets, auf Jachten, in Villen. Da verliebte er sich in die Tochter eines Industrieellen. Das fand der Vater nicht so gut. Einen Tag später musste er die Villa verlassen, das war ein herber Schlag in seinem vermeintlichen Erfolgsleben.

Dadurch verstand er, dass man nur reich ist, wenn man das Geld auch selbst in den Händen hält. Als Masseur, Kosmetiker, Skilehrer und Discjockey hatte er ein vierfaches Einkommen. Entsprach aber nie dem Einkommen seiner Gäste, die ihn als Skilehrer zum Beispiel zum Mittagessen einluden. Das kostete gleich mal CHF 600,00, und wenn er als Skilehrer essen ging, waren es gerade CHF 8,00! CHF 800,00 waren sein Monatslohn, das hat ihn sehr beschäftigt.

Für den Sommer hatte er für Australien einen Vertrag als Austauschskilehrer in der Tasche. In der letzten Woche lernte er eine Frau aus Deutschland kennen, die später seine Ehefrau wurde. Er hat es nicht übers Herz gebracht, wegzufliegen und stornierte den Vertrag. Er pendelte einige Jahre zwischen Deutschland und der Schweiz hin und her. Da er nicht als Angestellter arbeiten wollte, startete er mit der Selbstständigkeit als Masseur/Kosmetiker.

Um überhaupt Fuß zu fassen, lief er von Haustüre zu Haustüre und klingelte. Ab und an ließ ihn jemand herein und so baute er sich einen kleinen Kundenstamm auf. Um sich stärker zu etablieren, engagierte er sich als Dozent an der Volkshochschule, beim Hausfrauenbund, bei Vereinen/Verbänden. Dadurch gelangte es ihm schnell, sich einen soliden Kundenstamm aufzubauen.

Später kam ein Haus der Schönheit hinzu, die ersten Schönheitsfarmen, die eigene Naturkosmetik-Produktelinie. Permanente Fort- und Weiterbildungen im In- und Ausland. Er hat in der Schweiz die Chance erhalten, als Referent und Ausbilder für Gesundheitsberufe tätig zu sein. Das machte ihm viel Spaß vor Menschen zu stehen und sie zu lehren. Immer mehr Coachings kamen dazu, Trainings, Seminare und so baute er verschiedene Geschäftszweige auf. Sein größter Wunsch ist dank viel Fleiß und Durchhaltevermögen in Erfüllung gegangen, für andere Menschen da zu sein und ihnen den Weg des Erfolges zu zeigen. Mit zurzeit über 67 Büchern, circa 200 Seminartagen und unzähligen Coachings ist er für die Menschen da. Sein großes Credo **„Es gibt ein Leben vor dem Tod!"**